…家学术成长资料采集工程丛书

…手握奇珠

…丽珠传

王传超　陈丽娟◎著

…年 …
1944年 毕业于圣约翰大学获医学博士学位
1947年 在纽约医院产科任住院医师
1955年 成为国内首批妇产科研究生导师之一
1987年 中国大陆第一个试管婴儿临床妊娠成功
2002年 担任北医三院生殖医学中心名誉主任
2011年 获"中国生殖医学终生成就奖"
2016年 逝世于北京

老科学家学术成长资料采集工程丛书

妙手握奇珠

张丽珠传

王传超　陈丽娟◎著

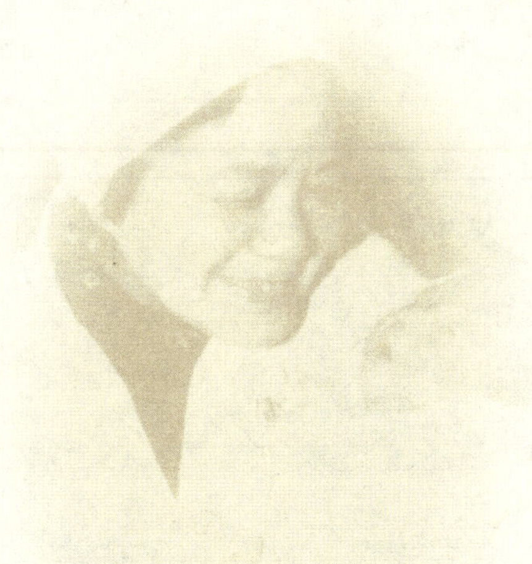

中国科学技术出版社
上海交通大学出版社

图书在版编目（CIP）数据

妙手握奇珠：张丽珠传／王传超，陈丽娟著．
—北京：中国科学技术出版社，2016.12
（老科学家学术成长资料采集工程丛书）
ISBN 978-7-5046-7362-6

Ⅰ.①妙… Ⅱ.①王… ②陈… Ⅲ.①张丽珠－传记
Ⅳ.① K826.2

中国版本图书馆 CIP 数据核字（2016）第 324077 号

责任编辑 张 楠
责任校对 杨京华
责任印制 张建农
版式设计 中文天地

出　　版 中国科学技术出版社 上海交通大学出版社
发　　行 中国科学技术出版社发行部
地　　址 北京市海淀区中关村南大街 16 号
邮　　编 100081
发行电话 010-62173865
传　　真 010-62173081
网　　址 http://www.cspbooks.com.cn

开　　本 787mm × 1092mm 1/16
字　　数 220 千字
印　　张 14.75
彩　　插 2
版　　次 2017 年 1 月第 1 版
印　　次 2017 年 1 月第 1 次印刷
印　　刷 北京华联印刷有限公司
书　　号 ISBN 978-7-5046-7362-6 / K · 200
定　　价 60.00 元

老科学家学术成长资料采集工程
领导小组专家委员会

主　任：杜祥琬

委　员：（以姓氏拼音为序）

巴德年　陈佳洱　胡启恒　李振声

王礼恒　王春法　张　勤

老科学家学术成长资料采集工程
丛书组织机构

特邀顾问　（以姓氏拼音为序）

樊洪业　方　新　齐　让　谢克昌

编委会

主　编：王春法　张　藜

编　委：（以姓氏拼音为序）

艾素珍　董庆九　胡化凯　黄竞跃　韩建民

廖育群　吕瑞花　刘晓勘　林兆谦　秦德继

任福君　苏　青　王扬宗　夏　强　杨建荣

张柏春　张大庆　张　剑　张九辰　周德进

编委会办公室

主　任：许向阳　张利洁

副主任：许　慧　刘佩英

成　员：（以姓氏拼音为序）

崔宇红　董亚峥　冯　勤　何素兴　韩　颖

李　梅　罗兴波　刘　洋　刘如溪　沈林芑

王晓琴　王传超　徐　婕　肖　潇　言　挺

余　君　张海新　张佳静

老科学家学术成长资料采集工程简介

老科学家学术成长资料采集工程（以下简称“采集工程”）是根据国务院领导同志的指示精神，由国家科教领导小组于2010年正式启动，中国科协牵头，联合中组部、教育部、科技部、工信部、财政部、文化部、国资委、解放军总政治部、中国科学院、中国工程院、国家自然科学基金委员会等11部委共同实施的一项抢救性工程，旨在通过实物采集、口述访谈、录音录像等方法，把反映老科学家学术成长历程的关键事件、重要节点、师承关系等各方面的资料保存下来，为深入研究科技人才成长规律，宣传优秀科技人物提供第一手资料和原始素材。按照国务院批准的《老科学家学术成长资料采集工程实施方案》，采集工程一期拟完成300位老科学家学术成长资料的采集工作。

采集工程是一项开创性工作。为确保采集工作规范科学，启动之初即成立了由中国科协主要领导任组长、12个部委分管领导任成员的领导小组，负责采集工程的宏观指导和重要政策措施制定，同时成立领导小组专家委员会负责采集原则确定、采集名单审定和学术咨询，委托中国科学技术史学会承担具体组织和业务指导工作，建立专门的馆藏基地确保采集资料的永久性收藏和提供使用，并研究制定了《采集工作流程》《采集工作规范》等一系列基础文件，作为采集人员的工作指南。截至2014年年底，已启动 304 位老科学家的学术成长资料采集工作，获得手稿、书信等实物原件资料 52093 件，数字化资料 137471 件，视频资料 183878 分钟，音频资料 224825 分钟，具有重要的史料价值。

采集工程的成果目前主要有三种体现形式，一是建设一套系统的“老科学家学术成长资料数据库”（本丛书简称“采集工程数据库”），提供学术研究和弘扬科学精神、宣传科学家之用；二是编辑制作科学家专题资料片系列，以视频形式播出；三是研究撰写客观反映老科学家学术成长经历的研究报告，以学术传记的形式，与中国科学院、中国工程院联合出版。随着采集工程的不断拓展和深入，将有更多形式的采集成果问世，为社会公众了解老科学家的感人事迹，探索科技人才成长规律，研究中国科技事业的发展历程提供客观翔实的史料支撑。

总序一

中国科学技术协会主席　韩启德

老科学家是共和国建设的重要参与者，也是新中国科技发展历史的亲历者和见证者，他们的学术成长历程生动反映了近现代中国科技事业与科技教育的进展，本身就是新中国科技发展历史的重要组成部分。针对近年来老科学家相继辞世、学术成长资料大量散失的突出问题，中国科协于2009年向国务院提出抢救老科学家学术成长资料的建议，受到国务院领导同志的高度重视和充分肯定，并明确责成中国科协牵头，联合相关部门共同组织实施。根据国务院批复的《老科学家学术成长资料采集工程实施方案》，中国科协联合中组部、教育部、科技部、工业和信息化部、财政部、文化部、国资委、解放军总政治部、中国科学院、中国工程院、国家自然科学基金委员会等11部委共同组成领导小组，从2010年开始组织实施老科学家学术成长资料采集工程。

老科学家学术成长资料采集是一项系统工程，通过文献与口述资料的搜集和整理、录音录像、实物采集等形式，把反映老科学家求学历程、师承关系、科研活动、学术成就等学术成长中关键节点和重要事件的口述资料、实物资料和音像资料完整系统地保存下来，对于充实新中国科技发展的历史文献，理清我国科技界学术传承脉络，探索我国科技发展规律和科技人才成长规律，弘扬我国科技工作者求真务实、无私奉献的精神，在全社会营造爱科学、学科学、用科学的良好氛围，是一件很有意义的事情。采集工程把重点放在年龄在 80 岁以上、学术成长经历丰富的两院院士，以及虽然不是两院院士、但在我国科技事业发展中作出突出贡献的老科技工作者，充分体现了党和国家对老科学家的关心和爱护。

自 2010 年启动实施以来，采集工程以对历史负责、对国家负责、对科技事业负责的精神，开展了一系列工作，获得大量反映老科学家学术成长历程的文字资料、实物资料和音视频资料，其中有一些资料具有很高的史料价值和学术价值，弥足珍贵。

以传记丛书的形式把采集工程的成果展现给社会公众，是采集工程的目标之一，也是社会各界的共同期待。在我看来，这些传记丛书大都是在充分挖掘档案和书信等各种文献资料、与口述访谈相互印证校核、严密考证的基础之上形成的，内中还有许多很有价值的照片、手稿影印件等珍贵图片，基本做到了图文并茂，语言生动，既体现了历史的鲜活，又立体化地刻画了人物，较好地实现了真实性、专业性、可读性的有机统一。通过这套传记丛书，学者能够获得更加丰富扎实的文献依据，公众能够更加系统深入地了解老一辈科学家的成就、贡献、经历和品格，青少年可以更真实地了解科学家、了解科技活动，进而充分激发对科学家职业的浓厚兴趣。

借此机会，向所有接受采集的老科学家及其亲属朋友，向参与采集工程的工作人员和单位，表示衷心感谢。真诚希望这套丛书能够得到学术界的认可和读者的喜爱，希望采集工程能够得到更广泛的关注和支持。我期待并相信，随着时间的流逝，采集工程的成果将以更加丰富多样的形式呈现给社会公众，采集工程的意义也将越来越彰显于天下。

是为序。

总序二

中国科学院院长　白春礼

由国家科教领导小组直接启动，中国科学技术协会和中国科学院等 12 个部门和单位共同组织实施的老科学家学术成长资料采集工程，是国务院交办的一项重要任务，也是中国科技界的一件大事。值此采集工程传记丛书出版之际，我向采集工程的顺利实施表示热烈祝贺，向参与采集工程的老科学家和工作人员表示衷心感谢！

按照国务院批准实施的《老科学家学术成长资料采集工程实施方案》，开展这一工作的主要目的就是要通过录音录像、实物采集等多种方式，把反映老科学家学术成长历史的重要资料保存下来，丰富新中国科技发展的历史资料，推动形成新中国的学术传统，激发科技工作者的创新热情和创造活力，在全社会营造爱科学、学科学、用科学的良好氛围。通过实施采集工程，系统搜集、整理反映这些老科学家学术成长历程的关键事件、重要节点、学术传承关系等的各类文献、实物和音视频资料，并结合不同时期的社会发展和国际相关学科领域的发展背景加以梳理和研究，不仅有利于深入了解新中国科学发展的进程特别是老科学家所在学科的发展脉络，而且有利于发现老科学家成长成才中的关键人物、关键事件、关键因素，探索和把握高层次人才培养规律和创新人才成长规律，更有利于理清我国科技界学术传承脉络，深入了解我国科学传统的形成过程，在全社会范围内宣传弘扬老科学家的科学思想、卓越贡献和高尚品质，推动社会主义科学文化和创新文化建设。从这个意义上说，采集工程不仅是一项文化工程，更是一项严肃认真的学术建设工作。

中国科学院是科技事业的国家队，也是凝聚和团结广大院士的大家庭。早在1955年，中国科学院选举产生了第一批学部委员，1993年国务院决定中国科学院学部委员改称中国科学院院士。半个多世纪以来，从学部委员到院士，经历了一个艰难的制度化进程，在我国科学事业发展史上书写了浓墨重彩的一笔。在目前已接受采集的老科学家中，有很大一部分即是上个世纪80、90年代当选的中国科学院学部委员、院士，其中既有学科领域的奠基人和开拓者，也有作出过重大科学成就的著名科学家，更有毕生在专门学科领域默默耕耘的一流学者。作为声誉卓著的学术带头人，他们以发展科技、服务国家、造福人民为己任，求真务实、开拓创新，为我国经济建设、社会发展、科技进步和国家安全作出了重要贡献；作为杰出的科学教育家，他们着力培养、大力提携青年人才，在弘扬科学精神、倡树科学理念方面书写了可歌可泣的光辉篇章。他们的学术成就和成长经历既是新中国科技发展的一个缩影，也是国家和社会的宝贵财富。通过采集工程为老科学家树碑立传，不仅对老科学家们的成就和贡献是一份肯定和安慰，也使我们多年的夙愿得偿！

鲁迅说过，“跨过那站着的前人”。过去的辉煌历史是老一辈科学家铸就的，新的历史篇章需要我们来谱写。衷心希望广大科技工作者能够通过“采集工程”的这套老科学家传记丛书和院士丛书等类似著作，深入具体地了解和学习老一辈科学家学术成长历程中的感人事迹和优秀品质；继承和弘扬老一辈科学家求真务实、勇于创新的科学精神，不畏艰险、勇攀高峰的探索精神，团结协作、淡泊名利的团队精神，报效祖国、服务社会的奉献精神，在推动科技发展和创新型国家建设的广阔道路上取得更辉煌的成绩。

总序三

中国工程院院长　周　济

由中国科协联合相关部门共同组织实施的老科学家学术成长资料采集工程，是一项经国务院批准开展的弘扬老一辈科技专家崇高精神、加强科学道德建设的重要工作，也是我国科技界的共同责任。中国工程院作为采集工程领导小组的成员单位，能够直接参与此项工作，深感责任重大、意义非凡。

在新的历史时期，科学技术作为第一生产力，已经日益成为经济社会发展的主要驱动力。科技工作者作为先进生产力的开拓者和先进文化的传播者，在推动科学技术进步和科技事业发展方面发挥着关键的决定的作用。

新中国成立以来，特别是改革开放30多年来，我们国家的工程科技取得了伟大的历史性成就，为祖国的现代化事业作出了巨大的历史性贡献。两弹一星、三峡工程、高速铁路、载人航天、杂交水稻、载人深潜、超级计算机……一项项重大工程为社会主义事业的蓬勃发展和祖国富强书写了浓墨重彩的篇章。

这些伟大的重大工程成就，凝聚和倾注了以钱学森、朱光亚、周光召、侯祥麟、袁隆平等为代表的一代又一代科技专家们的心血和智慧。他们克服重重困难，攻克无数技术难关，潜心开展科技研究，致力推动创新发展，为实现我国工程科技水平大幅提升和国家综合实力显著增强作出了杰出贡献。他们热爱祖国，忠于人民，自觉把个人事业融入到国家建设大局之中，为实现国家富强而不断奋斗；他们求真务实，勇于创新，用科技为中华民族的伟大复兴铸就了辉煌；他们治学严谨，鞠躬尽瘁，具有崇高的科学精神和科学道德，是我们后代学习的楷模。科学家们的一生是一本珍贵的教科书，他们坚定的理想信念和淡泊名利的崇高品格是中华民族自强不息精神的宝贵财富，永远值得后人铭记和敬仰。

通过实施采集工程，把反映老科学家学术成长经历的重要文字资料、实物资料和音像资料保存下来，把他们卓越的技术成就和可贵的精神品质记录下来，并编辑出版他们的学术传记，对于进一步宣传他们为我国科技发展和民族进步作出的不朽功勋，引导青年科技工作者学习继承他们的可贵精神和优秀品质，不断攀登世界科技高峰，推动在全社会弘扬科学精神，营造爱科学、讲科学、学科学、用科学的良好氛围，无疑有着十分重要的意义。

中国工程院是我国工程科技界的最高荣誉性、咨询性学术机构，集中了一大批成就卓著、德高望重的老科技专家。以各种形式把他们的学术成长经历留存下来，为后人提供启迪，为社会提供借鉴，为共和国的科技发展留下一份珍贵资料。这是我们的愿望和责任，也是科技界和全社会的共同期待。

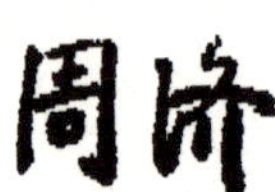

张丽珠
（2014 年 1 月 3 日）

2013 年 1 月 31 日王传超（右）在张丽珠家中访谈
（陈丽娟摄）

2014 年 1 月 3 日参观在国家博物馆展出的“科技梦 · 中国梦——中国现代科学家主题展”
（左起依次为王阜英、张丽珠、唐昭华、张藜、唐有祺、王传超、陈丽娟、张佳静）

序 言

我出生在一个知识分子家庭，虽算不上娇生惯养，但始终生活在一个被保护的环境中，能够顺利地受到高等教育。五十年代初期，我从英美留学归国，志向将自己的学识和医术报效祖国。作为教师和医生，数十年来世事沧桑，百味杂陈，值得回忆，也值得记录留念。

我过去从未写过日记，很多往事已渐渐变得模糊，并从记忆中消失。十多年前，我和老伴就有一起写一部回忆录的想法，书名都想好了，就叫“风风雨雨五十年”，可惜由于这样那样的缘故，始终未能成稿。北医三院的同事们曾经在繁重的本职工作之外抽时间帮我编过一本资料集，尽力帮我实现这一愿望，我非常感谢她们！现在中国科协开展的“采集工程”，来整理我们过去几十年的记录资料，并根据这些资料撰写传记，这跟我们当初的想法不谋而合。如今工作已近尾声，翻阅过去的记录，百感交集，感谢采集工程和相关工作人员，特别是作者王传超和陈丽娟以坚持不懈的努力完成了这一工作，帮助我们实现了这一夙愿。

人生百年，匆匆而过，其间有风风雨雨，也有明亮的阳光，而今夕阳西下，晚霞也有其独特的美丽。历史的遗迹正在渐次消退，三院大楼前的喷水池不可再见，熟悉的小路已不通，认识我的小花也被深深地埋葬。当此时，我愿借这本传记，追忆旧日时光，同时寄托我对亲朋好友的怀念。

如果后来人披阅此书，能有所感触，甚至从中得到一点启发，那就是意外之喜了！

张丽珠

2015 年 12 月 21 日

目 录

图片目录

导言

传主简介

张丽珠教授生于1921年，是我国著名妇产科学家。她抗战期间毕业于上海圣约翰大学，获医学博士学位，后来赴美国从事为期三年的研究工作，主攻妇科内分泌学、局部解剖学和肿瘤早期诊断；之后受聘去英国做妇产科临床工作并通过英国国家考试，获得英国皇家妇产科学院文凭。新中国成立后，她于1951年回国，次年就职于北京医学院第一附属医院妇产科，后来参与创建北京医学院第三附属医院（后更名为北京医科大学第三附属医院、北京大学第三医院）并长期领导该院妇产科的工作，数十年来致力于我国妇产医学的研究和临床工作，并不遗余力地培养人才和进行学科建设，是新中国妇产科学的重要开拓者和现代生殖医学的主要奠基人之一，培育了中国大陆首例试管婴儿，在医界同行和广大患者当中享有崇高的威望和声誉。

采集过程

2012年，张丽珠教授被列入中国科协“老科学家学术成长资料采集工程”采集对象。经采集工程管理方组织沟通，加上各个方面的支持和配合，笔者顺利与张教授取得联系并征得她的同意，根据采集工程的要求成立了采集小组。张教授本人对采集工程非常配合，同时也准备借此机会较为系统地回顾自己的学习及科教经历，做一些总结和思考。采集小组于 2012 年夏天正式开始运作，用了大约半年的时间通过各种渠道对目前所能搜集到的资料做了详细的摸底排查。获取资料的途径主要有：①对张教授家中所存资料的整理；②在上海档案馆等处搜集与张教授有关的档案材料；③通过各地旧书市场、网上旧书店等平台搜集与张教授相关的文献资料；④通过各种网络数据库搜罗与张教授学术成长有关的各种文章、书籍等。

根据这些资料，我们初步梳理了张教授的成长历程，并就需要进一步了解的问题设计了访谈提纲。在张教授及其家属的积极配合和热情支持下，我们从 2013 年 1 月底开始对他们进行了多次访谈，由此获得了更多关于张教授人生历程的细节资料，从而帮助我们更加细致深入地走进她的精神世界，努力还原她真实而细腻的形象。

在访谈基本完成后，我们一边开始着手对所取得的资料进行整理编目，一边开展研究报告的撰写。在撰写过程中，我们每完成一部分就交由传主及家属审阅，及时沟通，经过一年多的努力基本完成了研究报告。本书即以研究报告为基础撰写而成。

采集成果

本次采集，我们尽力搜集了目前已有的资料，之所以能取得一些成绩，很大程度上得益于张教授认真、细致的作风。她平时写作，无论是论文、报告、书信，总是一丝不苟、精工细画，并较为系统地将各类材料保留起来，为我们的采集工作提供了极大便利。采集到的资料十分丰富。这里只选几件比较有代表性的、对我们重建传主生平经历具有很大帮助作用的成果。

（1）搜集了《玲珑》《良友》《国闻周报》《勤奋体育月报》等民国期刊以及 1932—1947 年《申报》对张教授的报道。九十多年过去了，对于采集对象少年时期的经历，目前的各种报道材料由于访谈中出现的理解失误与整理过程中的艺术加工，难免偶有失真之处，相互间偶有抵牾、真伪莫辨。与此相对，我们搜集到的这些报刊资料更为接近历史现场，能够帮助我们去伪存真。比如，多种口述及文字史料对张教授求学历程的记载始于“1937 年毕业于上海工部局女子中学”，这往往给人带来一种印象，即传主初中、高中这几年一直在该校就读。但通过考察《申报》及一些民国期刊的记载，采集小组发现张教授原本就读于上海智仁勇女中，直到高中二年级才转学到工部局女中，这一结论有大量文字、图片作为佐证，可为定论。再如，张教授在各种回忆性资料中均提及自己高中毕业后曾报考中央大学航空工程系并成为该系当年录取的唯一女生，只是因为抗战爆发才被迫转学，但采集小组在各种档案中均未发现记载。幸运的是，1937 年 9 月 9 日的《申报》刊登了中央大学录取新生的完整名单，使这一陈述得到印证。而 1941 年 6 月 6 日的《申报》则详细记录了圣约翰等几所“孤岛”大学毕业典礼的情形，使采集小组得以复原张教授人生经历中这一重要场景。

（2）采集小组购得张教授高中毕业时的毕业纪念刊《丁丑年刊》，该书刊印于 1937 年，仅印数十册，目前除上海档案馆藏有一册外，未见其他藏本。该书收录了大量照片及文章，对了解 20 世纪 30 年代的女中课业及日常生活都有一定价值。特别是具体到本次采集任务，其中不仅详细记载了张教授就读该校期间的教师、课程、学生介绍、班级历史，还收录了她撰写的好几篇文章，这对重建她这一时期的人生经历和心路历程都有着举足轻重的作用。

（3）查阅到张教授就读于圣约翰大学期间的档案。档案是可靠性极高的史料。以张教授的情况来说，她大学期间的档案包括各学期成绩单、毕业考试成绩单等都收藏在圣约翰大学的档案中，而该校早已撤并，档案现存上海档案馆。根据这些档案，采集小组可以大致理清传主国内求学期间的学业状况，并解决一些疑难问题。比如张教授大学入学正赶上抗战爆发，所以她大一那年在留沪高校中几经辗转，情况比较复杂，她本人的多种回忆材料对之都语焉不详，但上海档案馆所藏《圣约翰大学投考报名单——张丽珠》及其附件明确记载了这一转学过程，使得研究者遇到的这一问题迎刃而解。

（4）购得张教授20世纪50年代初与同事合作编写的《妇科学》教材、与同事一起翻译的苏联产科学著作《妇科手术的错误及危险》。两书均为油印，印数不多，通过检索国内各大公共图书馆及医学院校图书馆未见收录，有较高价值。尤其后者体现了新中国成立初期对苏联的学习，有一定的史料价值。

（5）收集到曾由北医三院收藏的《计划生育·妇产科资料》两部（1966—1978、1978—1981）。其中收录了大量"文化大革命"时期各地印刷的内部交流资料，反映了当时国内妇产科研究的一些情况，同时也可看到在正式的学术期刊停刊期间学界自发开展学术交流的状况。

研究思路与写作框架

传记的最终目的，在于解释传主何以成为这样一个人，总结出人物最鲜明的个性特点，思考这种性格形成的过程，即有哪些经历造成了这样的性格，重点描述这些经历及其影响。要想完成一本理想的学术传记，需要作者做以下准备工作：①对传主的性格气质、思维方式有细致入微地把握，这样才能在写作中对传主的行为做出尽可能合理、贴切的解释。②对传主的学术成长经历了然于心，包括相关的学科小背景和社会大背景。③对资料的搜集、甄别、使用要下一番功夫。

为努力达成这一目标，本书拟将传主学习、工作和生活经历，分成若干阶段，以白描式的手法将传主的主要经历呈现给读者，在不影响主体结构的前提下，尽可能提供足够丰富的历史细节，而不是向读者灌输某种观点。全书将围绕张教授的学术成长及科学成就来展开，同时紧密结合相关社会、政治背景。

在结构上，本书以时间顺序为经线来组织章节，顺叙张教授学术成长和科研事业开展的过程，主要分为如下阶段：中小学教育时期、抗战（大学）时期、海外游学时期、北医一院时期、北医三院创建之初、"文化大革命"时期、改革开放之初、投身"试管婴儿"事业。将学习科研、社会背景、师生亲友、思想转变等各方面的内容分别插入各时期中，尽量灵活组织。

第一章
“全面发展女孩”

北京·童年

1921 年 1 月 15 日，张丽珠在上海出生。张丽珠祖籍云南大理，祖父张励吾于 1880 年中进士入京为官之后，张家从此定居北京。她的父亲张耀曾，字镕西，生于 1885 年，于 1904 年东渡日本求学，曾在东京帝国大学学习法律，积极投身民主革命，是同盟会早期成员之一。母亲赵玫，字君默，早年曾在日本东京女子师范大学学习幼儿教育。

图 1–1　1917 年的张耀曾

辛亥革命成功后，张耀曾投身政界，努力践行宪政、法治，在北洋政府时期曾三度出任司法总长，但政局动荡以及不适应复杂黑暗的官场倾轧，所以任期都不长。张丽珠出生时，父亲因对军阀分裂混战局面失望正避居上海，此时她已经有三个姐姐：宁珠、馨珠、惠珠。

她出生后不久，父亲被政府聘为太平洋会议高等顾问，再度出山入京，后来又长期担任法权讨论委员会委员长，因此她的童年时期主要是在北京度过的。当时家里比较宽裕，住在西四小酱坊胡同，邻居是曾任北洋政府农商部矿政司司长的邢端①。来北京后，张丽珠又多了一个妹妹（圆珠）、一个弟弟（元达），当时家里的院子很大，姐弟六人度过了一段无忧无虑的时光。三姐惠珠在数年后曾满怀憧憬地回忆道：

> 五月的太阳是那样的温柔，黄昏的太阳又是那样的羞怯，五月黄昏的太阳轻轻地快溜走了。我注视着自己的影子渐渐地加长，它仿佛一刻不停地带走了无价的时光，而堆砌起来我的年龄。我注视我的影子，脑海里悠然地出现一幕往事：六个短小的影子在古木参天、花香四溢、百鸟歌唱的乐园里跳跃追逐的情景，已是十年前的事了！
>
> 也是一个暮春的黄昏，在花木茂盛的一个大院子里，鸟儿在杨柳枝头歌唱，花儿随风轻舞；被彩霞拥护着的夕阳，温柔地爱抚着每一个孩子。六个小心灵是活泼地跳着，十二只小眼中放出喜悦的光；那时的我们，觉得世界上只有美丽与快乐……儿时永远是甜蜜的，多少的以往是值得人们这般的眷恋啊！②

美中不足的是家人团聚少了些。父亲的工作很忙，既要编著《列国在华领事裁判权志要》，又要组织专家讨论、推广法律，还要去各地法院、监狱考察。母亲虽然身体不好，也与三姑张佩芬等人于 1921 年发起成立了中国女子商业储蓄银行，提倡妇女就业与经济独立。③三姑早年也留学日本，与母亲是同学，提倡女权，终身未婚。在张丽珠的记忆里，

---

① 邢端之子邢其毅（1911–2002）后来为北京大学教授、中国科学院院士。

② 张惠珠：小立斜阳忆旧时。见：上海工部局女子中学《丁丑年刊》，1937 年。

③ 谈社英：《中国妇女运动通史》。上海：上海书店出版社，1990 年，第 163–164 页。

家人相聚的场面总是格外温馨动人的：

图 1-2　1927 年，姐妹四人在小酱坊胡同家中合影（左起：丽珠、宁珠、惠珠、馨珠）

> 北京我家前院有一棵大枣树，每年结枣时，我们四姐妹总要把最大的"枣王"打下来留给父亲吃。夏天晚上全家都在院子里乘凉。我们四姐妹轮流给父亲捶腿，听父亲谈天说地；仰头看天上的银河，那星星，至今仍在我的心海里闪动着光辉。一次我突然发现一只蝎子向父亲的脚边爬去，我就哇哇大哭起来。①

但这一时期家里发生了一件不幸的事情，五妹和弟弟元达因痢疾夭折。这在后来不算特别严重的疾病，在当时居然是致命的。唯一的弟弟夭折，使得张家在守旧的人们看来是绝嗣了，这给张丽珠的成长带来了深远的影响。

童年的时光总是过得飞快，张丽珠很快就到了入小学的年龄。她于 1927 年进入东铁匠胡同的师大女附小就读。但此时，由于北伐战争的顺利开展，北洋政府已是岌岌可危，父亲目睹战乱不已，于 1927 年夏天辞去法权讨论委员会职务，赋闲在家，由此家境日益困窘，有时甚至连孩子的学费都凑不出来②，于是决定迁居上海。

① 张丽珠：缅怀我的父亲张耀曾先生。见：杨琥编，《宪政救国之梦——张耀曾先生文存》。北京：法律出版社，2004 年。

② 张耀曾：1928 年 2 月 20 日日记。见：杨琥编，《宪政救国之梦——张耀曾先生文存》。北京：法律出版社，2004 年。

在北京这几年的生活在张丽珠身上留下了深深的印迹。她的女儿唐昭华说：

根据我记忆里母亲所说，她大概是小学三年级以后到的上海，所以她对北京的小吃特别有兴趣。……她小时候在北京，所以家里人也是说普通话的，就是到了上海也说普通话。郑大爷那时候在北京带她们出去时，常叫糟溜鱼片。她喜欢吃北方的面食，例如韭菜馅饼，还有小吃艾窝窝、驴打滚、豌豆黄等。因为她从小是在北京长大的。我们小时候她还带我们去厂甸，因为她小时候对厂甸有印象，而且她小时候觉得北京卖小吃的人态度都特别友好，对小孩问路、买东西都很友善。因此她当时对北京印象挺好的。①

唐女士所说的“郑大爷”，是历史学家郑天挺先生②。他和梁漱溟先生③都是张家的亲戚，是张丽珠的表亲，当时都在北京追随张耀曾做秘书。后来几家一直都有较多的来往。

女中课业

1929年8月，张丽珠四姐妹在三姑带领下，与先期到上海找房子的父母团聚。随后，四姐妹进入上海智仁勇女子中学就读。张丽珠与三姐惠珠

① 唐昭华访谈，2014年1月2日。资料存于采集工程数据库。

② 郑天挺（1899–1981），又名郑庆甡，字毅生，福建长乐首占乡人，生于北京。历史学家、教育家。1920年于北京大学国文系毕业后，参与厦门大学筹建与教学，兼任图书部主任。1922年入北京大学研究所国学门。1924年毕业后，任教于北京大学、浙江大学。抗日战争爆发后任西南联合大学教授、总务长，北京大学教授、文科研究所副所长。中华人民共和国成立后，任南开大学教授、历史系主任、副校长，《中国历史大词典》总编。

③ 梁漱溟（1893–1988），蒙古族，原名焕鼎，字寿铭。曾用笔名寿名、瘦民、漱溟，后以漱溟行世。原籍广西桂林，生于北京。中国著名的思想家、哲学家、教育家、社会活动家、国学大师、爱国民主人士，现代新儒家的早期代表人物之一。

一起入该校小学部读四年级，两年后又一起入初中部。关于这段经历，她回忆说：

> 我跟我姐姐是同岁，都是属羊的，一个年初，一个年尾。所以后来进学校，我老拉着她，我到哪儿，我就不许她往上走，后来她留下来跟我同班，我到哪儿上学，她也到哪儿上学，都是在一起。不过她虽然比我大 12 个月，留下来陪我，但是还是比别人早两班。我们都跳班的。①

上海是我国近代女子教育的起源地，早在道光三十年（1850 年），美国传教士就在这里创办了裨文女塾。光绪二十四年（1898 年），第一所国人自办的女校桂墅里女子学堂（经正女校）也于此建立。到了民国时期，各种形式的女子学校遍地开花。男女分校作为从国外传来的制度，在向来重男轻女的旧中国，却有更深层的影响，一方面它迎合了“男女授受不亲”的旧道德，但另一方面它也增强了女性的自重、自尊。

智仁勇女中由徐筱农等人创办于 1928 年，校址在威海卫路（今威海路）870 号，在当时还是一所非常有朝气的学校。建校初期，学校要求严格，很快就在林立的女校中脱颖而出。张丽珠入初中部的次年即 1932 年，学校开始执行国民政府教育部最新颁布的《中学课程标准》，初中教学科目有公民、国文、英语、历史、地理、算学、物理、化学、动物、植物、体育、卫生、劳作、图画、音乐。张丽珠自认并不是一名用功的学生：

> 我当时根本是不像学生，我觉得别人都比我用功。我上完课从来没有什么再复习，我记得我同班的人，那是中学那会，开夜车，好像紧张得不得了，复习一会儿。我从来不复习的，可是我学起来根本就不费劲，根本不用回来看，她们有的还开夜车，这我都没有。（可我）成绩很好，的确是，发回来的卷子，老师看着我，对我很惊讶的，对我笑。②

---

① 张丽珠访谈，2013 年 1 月 17 日。资料存于采集工程数据库。

② 同①。

图 1–3 1932 年，初中时期的张丽珠与同学们在一起（后排左 2 丽珠、左 4 惠珠，前排左 2 馨珠、右 2 宁珠）

用力少而能取得好的成绩，除了良好的学习习惯，只能用天资聪颖来解释了。1934 年初中毕业的时候，上海市教育局循例组织了毕业会考。考试科目为党义、国文、算学、历史、地理、自然、体育、外国语，核算成绩时按百分制，八十至一百分为甲等，六十至七十分为乙等，四十至五十九分为丙等，四十分以下为丁等（不及格）①。张丽珠在考试中获得甲等，并获得教育局颁发的奖状奖品②。

初中毕业后，张丽珠仍在本校高中部就读。学校为提高学生们的课业水平和综合素质，经常举办一些竞赛活动，张氏姐妹总是能在活动中拔得头筹，在学校中颇为引人注目。当时上海最畅销的报纸《申报》曾报道该校的英语演说竞赛：

> 威海卫路智仁勇女中，昨日上午举行高中英语演说预赛，由主席孙廷璧报告演说规则及计分等，请范国栋、万景陶、曹右民③、田嘉炳、郑人镜任评判员。每级所选讲员，皆擅长英语。演讲毕，由评判员范国栋总评。结果张馨珠、沈希瑞、陈文娥、张惠珠、张丽珠、戴光曦及格当选。闻该校至春假后举行初高中英语演说决赛，拟请欧美

① 上海新闻社编，《1933 年之上海教育》，1934 年。

② 《申报》，1934 年 7 月 17 日 16 版及 1935 年 3 月 1 日 16 版。

③ 曹右民（1903–1992），上海人，1929 年毕业于复旦大学西语系英语专业，曾任智仁勇女中英语教师。新中国成立后长期执教同济中学，20 世纪 50 年代响应上级号召自学俄语，同时为学生开设英、俄语课程。他精通英语，通晓法、德、俄、西班牙和世界语。退休后长期在黄浦公园“外语角”为外语爱好者义务辅导。

名人担任评判员。[①]

智仁勇女校平时对于学生课外作业，十分注意……昨日复举行英语竞赛，由沪江大学教授美人魏波、德人罗森伯女士、光华大学社会学士周宸明[②]担任评判。结果高中部优胜者张惠珠、张馨珠、张丽珠，初中部优胜者丁秀瑞、谈坤元、戴尔英。该校并定于下星期举行全校算学测验云。[③]

此外，学校还经常邀请社会名流来校演讲，开阔学生们的眼界，培养学生独立自主的意识。比如有次学校邀请江亢虎[④]来校演讲：

江氏以该校校名智仁勇三德为讲题，对于古今中外之道及心理学之智、情、意三者阐明无遗，人当求完善教育、不使有所偏重云。[⑤]

江氏处世生平，颇多可议，但我们不必因人废言，他这次演讲所谈的主旨还是对的。张丽珠在中学所受的教育及取得的成绩也印证了这一点。

排球女将

中学时期的张丽珠，不仅学习成绩优异，在课外生活的各方面都是积极分子，取得了全面发展。她自幼性格活泼、体魄强健，与姐姐们同为学校各种社团的骨干分子。

---

① 《申报》，1934 年 3 月 30 日 14 版。

② 周宸明，毕业于清华大学，时任光华大学教师。

③ 《申报》，1935 年 4 月 24 日 13 版。

④ 江亢虎（1883–1954），生于江西弋阳，清末留学日本，受无政府主义和社会主义思想影响，成为中国早期社会主义思想传播者，创立中国社会党，后倾向于保守、反共。抗日战争期间曾担任汪伪政权的国民政府委员、考试院副院长。

⑤ 《申报》，1935 年 3 月 30 日 14 版。

图 1-4 1935 年第六届全国运动会上海女排留影（右 1 为张丽珠）

入学不久，她就加入了学校的排球队，很快成为队里的主力，与队员们一起将校队打造成上海市的一支强队。她们参与的赛事经常被《申报》报道，并曾被评论道："本埠智仁勇女中排球队，近常与各校比赛，无一不获胜利。该校声誉大震，称为异军突起，而所向无敌也。"[①] 在 1934 年的中青排球联赛中，她们在决赛中力克劲敌蔷薇队，夺得锦标。

正因为有此战绩，1935 年第六届全国运动会在上海召开时，智仁勇女排的很多队员被选入上海女排参赛。在上海队中，张丽珠照旧在前排担任主力，她回忆说：

> 我那时候是打第一排中间，每一个球必须要经过我的手，或者一下撩过去，或者托着，打下来，由我来决定。所以，当时大家都说我是排球队的"灵魂"。[②]

作为"灵魂"，她没有辜负大家的厚望，被评价为"能征惯战，堪为栋梁之材"[③]，与队员们一起连连闯关，并在 10 月 19 日与广东队之间的决赛中"独挡重关，如铁屏障身"[④]，带领全队获得冠军。

除排球外，张丽珠也是篮球队的主力。而从运动场上下来，她又能很快拿起笔杆子，化身"女秀才"，能文能武，令同学们钦佩。她和三姐惠

---

① 《申报》，1934 年 6 月 19 日 14 版。

② 张丽珠访谈，2013 年 1 月 17 日。当时打排球，场上队员的位置是固定的，三排、每排三人，这一点与现在不一样。

③ 女子排球赛况。《勤奋体育月报》1935 年 3 卷 2 期。

④ 第六届全国运动会详记（三）。《国闻周报》1935 年 12 卷 43 期。

珠都是学校学生自治会执行委员，而她是出版股成员，担任校刊《智仁勇》的总编辑。上海图书馆仍藏有一份她当年主编的校刊，包含言论、科学、小说、游记、小品文、诗品、校内新闻、书报介绍等多个栏目，内容丰富、版式大方①。

图 1-5　1935 年智仁勇建校七周年游艺会歌舞表演（右起：宁珠、馨珠、惠珠、丽珠）

在文艺方面，她也不甘人后，喜欢唱歌，有时还登台表演话剧。1935 年智仁勇女中举办建校七周年纪念游艺会的时候，她们姐妹四人盛装登台，为师生们献上了一出精彩的歌舞表演。

张丽珠姐妹几人之所以能够取得这样全面的发展，一方面是主要面向中产阶级子女的学校采取了开放、多元的办学方针，另一方面还是因为家庭的影响。

家庭生活

搬到上海之后，张耀曾执律师业，同时在高校兼课，收入颇丰，家中生活条件很好。只是母亲赵玟的身体状况不好，长期在家养病。家中事务主要仰仗三姑张佩芬打理，四姐妹管她叫"爸爸"，每次放学回家后进门就叫"爹爹、娘、爸爸"。

张耀曾很重视家庭生活和四姐妹的教育。按照当时一般人的看法，无

① 张丽珠、蒋澄主编:《智仁勇》，1935 年 4 月号。

子是一种很严重的不幸，但他却很想得开：

家母时以无子为言，府君笑谓家母曰："此世俗之见也。以言效忠社会，则女贤胜于不肖之子；以言继承血统，则子与女何异焉？无子，以女传可也，何戚戚为哉？"故于不孝等教育，不因女子而少忽，时诫不孝等曰："我不愿尔辈为寻常女子，愿尔辈于家国、于人类为有用之人才。"①

因此张耀曾平时极注意对四姐妹的言传身教，曾于1935年专门写一条幅勉励她们努力成才：

勉四珠女儿②

极乐美四方　崇美赞天国　只在生活里　冥想胡可得
本在此心中　莫向身外索　倾心爱众人　相爱不相角
只在现世间　世外不可捉　我亦受众爱　身心自感格
悉心养众人　相养不相剥　我亦受众养　身心同快乐
相爱求深纯　相养求精博　辛辛尽吾时　不知有穷遏
恳恳尽吾能　不暇问收获
深纯复深纯　人类一体不可脱
精博复精博　森罗万象任挥霍
相爱相养日辉煌　是为人生之正辙
咦兮极乐兮西方　崇美兮天国
巍巍赫赫在其侧　巍巍赫赫在其侧

1936年7月15日，张耀曾又训诲四姐妹，"勉其作非常人，故立志要高、用心要专，不可贪玩，不必在校外与男朋友来往，以免分心而近危

① 张宁珠、张馨珠、张惠珠、张丽珠口述，张元济执笔：先考镕西府君行述。见：杨琥编，《宪政救国之梦——张耀曾先生文存》。北京：法律出版社，2004年。

② 原笔裱幅已于"文化大革命"中遭毁失。

图 1-6　1934 年，张家赴莫干山春游合影（左起：丽珠、馨珠；左四起依次为：张佩芬、张耀曾、赵玟、郑天挺、宁珠、惠珠）

险"[①]。除言语训示外，张耀曾平时经常找机会让四姐妹外出运动，比如远足、打网球、游泳等。有一次，他还带着夫人、女儿一起到中国灌音公司去录制唱片，为赵玟庆祝五十生辰[②]。

在这样的家庭里，姐妹四人颇为自足，生活、学习均在一处，喜乐纷争，形形色色，形成了各自不同的性格特点。惠珠在高中毕业时曾写了一篇文章描绘四姐妹在家中的学习与生活：

我们四姐妹[③]

我们坐下来聊天，一张方桌正好坐满；我们要想打网球，很容易就能凑成双打；我们要通过唱歌来消遣，总能组成三重奏，剩一个人来伴奏；我们打开收音机，跳上一曲华尔兹，每个人都能找到默契的

① 张耀曾：1936 年 7 月日记。见：杨琥编，《宪政救国之梦——张耀曾先生文存》。北京：法律出版社，2004 年。

② 中国灌音公司近讯。《申报》1932 年 11 月 5 日 16 版。

③ 张惠珠：*We Four Sister*。见：上海工部局女子中学《丁丑年刊》，1937 年。原文为英文。

图 1-7 1935 年四姐妹与排球教练陈昺德[①]合影（左起：陈昺德、宁珠、馨珠、惠珠、丽珠）

舞伴。确实，多一个人或者少一个人都会让我们的生活不那么完美，我们为这个幸运的数字感到骄傲。甚至在很小的时候，我们就认识到了这个优势，我们组成一个“国家”，我们把它叫做“四人国”，还发明了一种属于我们自己的语言，以显示我们的重要。

幸运的是，我们四个人没有哪一个是阴郁的，所以我们一直都很快乐。无论何时，只要我们待在一起，会因为一些毫无意义的事情傻笑，或者为一些鸡毛蒜皮的小事而争论。但是没有这些喧闹，生活就失了光彩。

我的大姐温文尔雅，不管干什么都很安静。二姐总是个乐天派，成天跟好朋友腻在一起。我的小妹让我们捉摸不透，有点喜怒无常。在我们几个里面，她以雄心勃勃、处事果断而受到欢迎。至于我自己，我觉得我是个执拗的女孩，但是我衷心地爱着我所有的姐妹。尽管我们存有小异，但在品味和性情方面大致相同。

性格相似并不是一件好事。当我们急躁的时候，每个人都坚持己见，紧接着就是一场争吵，不过一会大家就会相互道歉了。当我们上床睡觉时，谁都不愿意去关灯，这种情况就时常发生。人人都说别人是最后一个上床的，然后就蒙上头，灯就这样亮了一夜。同样，窗户和门也常常开着。早上起来，大家都笑话自己，但是不管怎样，我知道同样的事情还会发生的。

---

① 陈昺德（1907–1950），海南文昌人，毕业于复旦大学，擅长田径，1927 年获全国运动会 1 万米赛跑冠军，曾任上海市童子军总司令兼数所中学体育教员，是上海风云人物之一，常为刊物作封面人物。

放学回到家，我们才开始一天最快乐的时光。我们会花很长的时间喝下午茶，因为这是享受美食的时间。妈妈给我们准备了等分的食物。然后，我们围坐在桌前，吃的放在中间。我们让大姐先吃，然后是二姐，然后是我和小妹。一轮过后，再按顺序来。我们就这样来享受下午茶。每当我们这样小意殷勤，我有时候会忍不住哈哈大笑起来。

吃完东西，我们就要学习了。我们通常在相邻的两个房间里学习。这很有趣，遇到难题的时候，我只需要向外喊一声，一定会有一个姐姐回答我，然后帮我。当我们背诵却又背不下来的时候，就会互相埋怨。有一次，我们都在朗读，我对妹妹说，你声音不能轻一点吗？她说你为什么不能小点声呢？我非常生气，所以就更大声的读。我们俩的声音就越来越高，直到筋疲力尽。我们在解数学题的时候也很好玩。我们分用两张桌子，一个做不出来的时候，就会拼命地去偷看另一个的计算和验算。我记得有一次，我们都笑话二姐做不出来代数题在那儿发脾气。她带着哭腔向妈妈告状，说再也不跟我们一块学习了。妈妈安慰她很长时间。第二天，我们又在一起学习了。

我们开心的时候，对彼此都很好。不管什么时候，只要有一个人哼了一段歌曲，其他人就会跟着唱，歌声回荡在整个屋子里。在家的生活是如此惬意，我时常觉得我们是天使。正因为我们四姐妹是这么亲密，人们常说我们对外人不够友好。确实，我们这么喜欢彼此，常常忘了周围还有其他人。人们常说，“四颗珍珠颜色各不相同，但同样耀眼夺目。”每当我听到这些，一种幸福感充满心田，并因此感恩。

张丽珠也曾无比怀念地回忆：

冬天晚上在上海家中的小客厅里，我们全家坐在一起听音乐，这宝贵的时光是多么温暖幸福呀！以至于小丽珠舍不得回房睡觉，却不知不觉地躺在母亲的腿上睡着了。父亲拍着我，叫我“小佛爷”。[①]

① 张丽珠：缅怀我的父亲张耀曾先生。见：杨琥编，《宪政救国之梦——张耀曾先生文存》。北京：法律出版社，2004年。

受家庭影响，张丽珠喜欢上了游泳，而这是导致她在高二时转学的因素之一。

转学与毕业

1935 年秋季开学的时候，张丽珠和三姐一起转学到上海工部局女子中学。这所学校由上海公共租界工部局创立于 1931 年，是专门为纳税华人家的女孩开办的。起初，学校租用校舍办学。1935 年工部局在星加坡路星加坡花园内（今余姚路 139 号）为女中建造了新校舍，办学条件大为改善。

> 校舍是新建的三层洋房，式样很摩登，基地也宽广，据说仿照德国最新式的建筑。的确光线与空气，比任何学校都合式。内部的布置，更是完备得异乎寻常。例如教室除固定以外，有分科的教室。每教室的后部，附一间学生衣帽间。玻璃窗装置很特别，开了窗，凭你怎样的狂风，不会直接吹到学生的身上，即使严冬的季节，窗门可照常开着，空气自然不会浑浊了。黑板采淡绿色，不伤害目光。其下有橱窗，供一级学生放置参考书。讲台偏在左边，不妨碍学生的视线。①

而且，学校的操场很大，体育设施极为完备。② 良好的教学设施吸引来更多的学生，张丽珠回忆往事时半开玩笑地说："听说他们学校那边有游泳池，特别想到那儿去，结果没有。我们就到青年会去游泳，特别想去游泳。"③ 虽然不能游泳，但转学来这里还是很值得的。学校硬件设施太好，

---

① 聂灵瑜女士会见记。《申报》1936 年 9 月 19 日 17 版。

② 吴学昭：怀念母校上海工部局女中。见：文汇报笔会编辑部选编，《坐在人生的边上》。上海：文汇出版社，2012 年。

③ 张丽珠访谈，2013 年 1 月 17 日。工部局女中 1940 届的毕业生王芷涯说："我们这个中学的体育呀，什么都有，就是游泳没有，因为游泳没有地方。"（杨洁访谈整理：先锋女生：中华民国早期上海女子教育。见：李小江主编，《让女人自己说话——独立的历程》。北京：生活 · 读书 · 新知三联书店，2003 年。）关于工部局女中的一些细节及当时上海女中的概况，可参考这份访谈录。

以至于来参观的英国教育代表团说："It's too good for Chinese girls!" 这话大大伤害了同学们的自尊心，促使大家更加努力进取。[①] 师生们共同努力，使得工部局女中迅速成为当时上海顶尖的中学。

图 1–8　工部局女中 1937 届合影（右 3 张丽珠、右 4 张惠珠）

课程与教学

学校在课程设置和教学水平上在当时也是要求比较高的。从建校起，学校就确立了较高的标准：

> 租界中工部局所设立之五中学[②]，其课程另由工部局教育委员会派一分委员会从事研究，其各个教学用语之步骤，在初中各级中，中文英文，各半应用。在高中各级，则三分之一用中语，三分之二用英语，与教育局所规定者适得其反。[③]

---

① 张丽珠访谈，2013 年 1 月 17 日。工部局女中 1940 届的毕业生王芷涯说："我们这个中学的体育呀，什么都有，就是游泳没有，因为游泳没有地方。"（杨洁访谈整理：先锋女生：中华民国早期上海女子教育。见：李小江主编，《让女人自己说话——独立的历程》。北京：生活 · 读书 · 新知三联书店，2003 年。）见：关于工部局女中的一些细节及当时上海女中的概况，可参考这份访谈录。

② 除女中外，工部局在之前为华人纳税人家的男童开办了华童公学、格致公学、育才公学、聂中丞公学四所学校。

③ 陶百川、陶愚川：一年来之中等教育。见：上海新闻社编，《1933 年之上海教育》。1934 年。

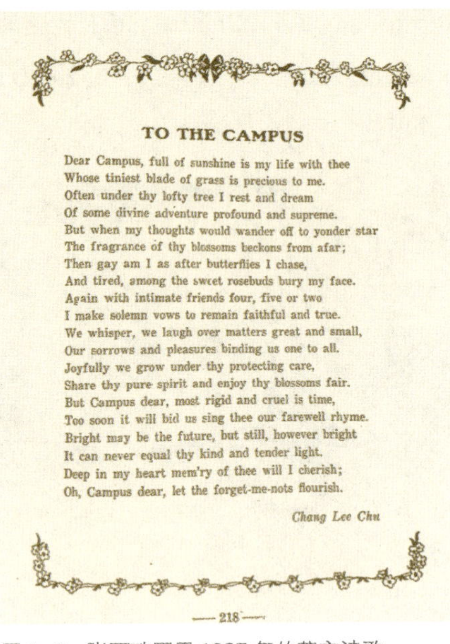

TO THE CAMPUS

Dear Campus, full of sunshine is my life with thee
Whose tiniest blade of grass is precious to me.
Often under thy lofty tree I rest and dream
Of some divine adventure profound and supreme.
But when my thoughts would wander off to yonder star
The fragrance of thy blossoms beckons from afar;
Then gay am I as after butterflies I chase,
And tired, among the sweet rosebuds bury my face.
Again with intimate friends four, five or two
I make solemn vows to remain faithful and true.
We whisper, we laugh over matters great and small,
Our sorrows and pleasures binding us one to all.
Joyfully we grow under thy protecting care,
Share thy pure spirit and enjoy thy blossoms fair.
But Campus dear, most rigid and cruel is time,
Too soon it will bid us sing thee our farewell rhyme.
Bright may be the future, but still, however bright
It can never equal thy kind and tender light.
Deep in my heart mem'ry of thee will I cherish;
Oh, Campus dear, let the forget-me-nots flourish.

Chang Lee Chu

—218—

图 1-9 张丽珠写于 1937 年的英文诗歌

在张丽珠的记忆当中，当时的学校里“是以英文为主，我那时候进去大家都会说英文，只是英文的教育”[①]。到毕业的时候，很多同学已经能写一手漂亮的英文文章了，张丽珠甚至写了一首英文诗歌来表达对中学校园的赞美和留恋。

当时学校的校长杨聂灵瑜[②]女士系统学习过教育学，同时又是一位富有经验的实干家。她很重视师资质量，聘任的英文教师必须用英语上课，用新出版的英文原版小说做教材，为学生提供原汁原味的语言训练。晚年的张丽珠仍对当年的英语教师钱丰格[③]有很深的印象。

除英文外，其他各门课程的老师也大多是名校出身，或有留学背景，教史地的李美德是燕京大学学士，教国文的钱青毕业于奈良女子高等师范，是小有名气的文学家……

老师们平时要求严格，但也并不总是高高在上。张丽珠回忆说：

> 我们还上台学老师训人，老师不但不生我的气，还高兴地说：“张丽珠还会骂人，骂人也有骂得好的，骂得不好的。”[④]

---

① 张丽珠访谈，2013 年 1 月 17 日。资料存于采集工程数据库。

② 杨聂灵瑜（1890–1965），湖北黄梅县人，基督教徒。1916 年获美国西拉叩大学硕士学位。1922 年在芝加哥大学研究教育。1924 年回国投身教育事业。1931 年出任工部局女中校长。

③ 钱丰格（1899–1989），浙江杭州人，1927 年毕业于美国康奈尔大学，获硕士学位，1929–1931 年任上海交通大学图书馆主任兼授英文，后曾在工部局女中、之江大学等学校执教。1949–1951 年赴美半工半读，在密歇根大学图书馆管理系获硕士学位，回国后长期在中科院华东分院图书馆工作。

④ 张丽珠：永远不会忘记母校对我的教导。见：张丽珠,《我的医教人生》。北京：北京大学医学出版社，2008 年。

除此之外，同学们有时候还给老师起外号。教数学的王承诗为人严厉，害怕数学课的同学都管她叫“王老虎”；教体育课的陈咏声老师平时跟同学们打交道最多，她一头短发，面容黑瘦，大家都管她叫“茶叶蛋”。每一届学生都知道这些外号，这也成了工部局女中同学们的小传统之一了。晚年张丽珠提及此事，尚且津津乐道。

思想道德教育

除了课业上的严格要求外，工部局女中还注重通过各种手段来培育学生独立自主的意识，批判传统道德，重视民族意识、社会责任感的养成和学生表达能力的锻炼。每天早上上课之前，所有学生要宣读如下誓词：

> 我们在师长教导、同学督促之下，努力学业，遵守校规，刻苦耐劳，友爱亲睦，培养勇敢进取的精神，锻炼强壮健全的身体，服膺“非以役人、乃役于人”的校训，肩负救国的责任，向着光明的前途猛进，谨此宣誓！①

除此之外，更为直接而有效的措施是新闻报告会制度。每周四上午十一点，全体同学伴随着钢琴弹奏的进行曲在礼堂集合，每次有三名同学报告新闻（包括国际新闻、国内新闻、社会新闻），报告人和每周的主席是轮换的，确保每位同学都有担任主席和报告人的机会。张丽珠的一位同学在毕业时写道：

> 报告新闻的确是怪有意思的事，这不但训练同学能当着数百人面前讲话，同时也给我们听的人很多的利益。②

的确，这种制度既锻炼了学生的表达能力，同时在讨论时事的过程

① 聂灵瑜女士会见记。《申报》1936 年 9 月 19 日 17 版。

② 秦琬华：新闻报告。见：上海工部局女子中学《丁丑年刊》，1937 年。

图 1-10　1937 年毕业时，同学顾莲生为张丽珠画的像，将她比作花木兰（面部是直接用的照片）

中，无形间也增进了同学们对外界事物的兴趣，培养起对民族、对国家的忧患意识，由此奋发上进。

作为女中，学校在思想教育上很重要的一个方面是批判传统道德，使学生摆脱依附心理和不自信，自立自强。学生们组织了小剧团，经常排演一些话剧，有时还到社会上公演。张丽珠这时候一般是扮演男角，英姿飒爽，非常漂亮。

易卜生的戏剧《玩偶之家》风行一时的时候，引起了大家热烈的讨论，国文老师钱青组织大家读与妇女相关的中外文学作品并写文章讨论。张丽珠就萧伯纳的《华伦夫人之职业》写了篇读后感，在其中说到：

> ……《华伦夫人之职业》所叙述的纯粹是妇女问题。他的鼓励妇女反抗和易卜生的《娜拉》大同小异。有人说：易卜生是诊断病源不开方子的医生，萧伯纳是诊病开方的。那么，这本《华伦夫人之职业》可算是出走后的《娜拉》了……[①]

家庭的熏陶和学校教育的结合，确立了张丽珠自尊自强的性格。她在毕业时写的一篇短文清算了压迫妇女的旧道德：

---

① 张丽珠：读《华伦夫人之职业》。见：上海工部局女子中学《丁丑年刊》，1937 年。

中国古代有很多妇女英年早逝，这一点在那些以美德闻名的女子身上尤其突出。这一点也不意外。在过去，甚至到我们的祖母生活的年代，年轻女子依旧处于不幸的地位。要求女性具有勇于奉献和自我牺牲的精神，不仅仅是一种信仰，也是男性在心理上根深蒂固的执念。成为一名有德行的女子，要遵从“三从四德”。“三从”是未嫁从父、出嫁从夫、夫死从子。如果严格执行这些教条，那必是死路一条。

“四德”与女性自身的仪容和举止直接相关。第一是妇容：着装应当干净、简单、得体；第二是妇言：要娴静少言，但别人跟她讲话时，她要温和恰当地回应；第三是妇工，要会纺织、缝纫和刺绣。第四是妇德，对于家人要求的事务，要主动认真地完成。

妇女受到的压迫还不止这些，但她们生活在这些教条划定的牢笼中，毫无怨言。她们被剥夺了学习和享受自由的权利，这两项都是现代人生活中不可或缺的。她们无法接受教育，因为人们认为女子无才便是德。至于自由，对女性来说，那时候还没有这个词。父母吩咐的一切事，女儿都要照做。女孩子 7 岁以后就要待在自己的房间里，不能和陌生男子在同一张桌子上吃饭。她要时刻保持文静，隐藏自己的情感。最不幸的是，她要嫁给那个由父母选择的男子。如果新郎懂得尊重她，那将是她的福气。如果遇上一个纨绔子弟，那也是她的命，也要服从，“夫唱妇随”。

难怪那些据说极有德行的女子能得到一座石牌坊，或者朝廷的诰命头衔。如果一名女子遵从了上面所有的教条，我觉得她只是在那个时期生存过，而没有真正的生活过。她那仅仅以隶属和奴役的身份度过的一生中做出的所有牺牲，岂是小小纪念碑或者头衔所能补偿的！她们所得到的不应当仅仅是纪念碑！①

这其中所包含的同情与反思，反映了张丽珠当时在妇女问题上的思想

① 张丽珠：*Ancient Chinese Women*。见：上海工部局女子中学《丁丑年刊》，1937 年。原文为英文。

状态。这种对深重压迫下苦难妇女的同情在她后来的经历中得到更深刻的体现。

体育教育

除了知识和品德的进步，学校还非常注重学生身体素质的提高，配备了各种体育器材，体育课也跟文化课一样，要求必须达到70分才能及格。这倒是难不住张丽珠，她在新学校依然是积极分子，在排球队、篮球队、垒球队、乒乓球队当中都是主力队员。毕业纪念刊里关于体育的部分也是她执笔的：

> 为了提高对体育运动的兴趣和比赛中的体育道德，我们经常进行班级间的比赛，像垒球、篮球、排球和乒乓球、羽毛球和甲板网球锦标赛。有时候我们也与其他校队打友谊赛。我们很高兴知道女生对体育的兴趣正在迅速提高，而且大家的得分意识也有很大的提高……①

参加了这么多的队伍，张丽珠的日常活动是很繁忙的：每天下午四点，要参加垒球训练；组织并参加班级篮球联赛；参加工部局组织的排球联赛，并与全队队友一起夺得第二名，仅次于体校队；参加上海市的各种篮球、排球联赛……

付出总是有回报的，张丽珠得到了在同龄人中出类拔萃的身体素质。这让她在后来的学习与工作中受益良多。

好的条件加上自身的努力，张丽珠在毕业时获评全级唯一的“The All-round Girl of 1937（1937届全面发展女生）”。对此，同学叶永蓁在毕业纪念刊上为她写的“像赞”是最好的说明：

> 无论怎样我总不觉得上帝是偏心，虽然他把所有的聪明才智都

① 张丽珠：*Sports Teams*。见：上海工部局女子中学《丁丑年刊》，1937年。原文为英文。

放在她一人的脑海里，因为她实在可爱：不但精体育，长科学，国、英、史、地、歌唱称万能；还长着一副英俊豪伟的体脸，曾倾倒无量数的美人、忌煞百万千的勇汉，当她做戏扮男角的时候！①

毕业了，张丽珠投考了中央大学的航空工程系。在当时，这对一个女生来说，显得有些疯狂。但事出有因，从她个人来讲，无论在家里还是学校里，她受到的教育都是男人能做到的，女子一样能够；从当时的社会来说，面对日军的步步紧逼，尤其是受1932年淞沪抗战时的空战场面的刺激，“航空救国”的思想得到很多人的认同。中国航空协会在上海成立之后，开展了一系列宣传推广工作，在社会上声势颇盛，各大中学校也都受到影响。工部局女中教师王世柏写了一篇《航空浅说》，发在校刊上，其中说到：

图 1–11　1937 年，获“全面发展女孩”荣誉的张丽珠

中华民国五、六年间的世界大战，飞机就已成为作战武器最精利的一种，到了现在更重要了，一个国家的胜败及存亡，大半要取决于空军实力的优劣了。②

在此之前，受爱国心以及与男性竞争的思想影响，张丽珠已经决定去学航空工程。她的同学谭素贞这样评价她：

---

① 上海工部局女子中学《丁丑年刊》，1937 年。

② 王世柏：航空浅说。见：上海工部局女子中学《丁丑年刊》，1937 年。

像喜欢历史上的女英雄花木兰一样，我们喜欢张丽珠同学。她曾与年迈的父亲起过争执，她父亲没有年长的儿子作为继承人。我们不止一次听到丽珠宣告她不但要当女儿，还得当儿子，因为她没有兄弟。其实丽珠没有男孩子气，但是当她在话剧里扮演男角的时候，她就化身为真正的绅士，高大、坚毅，而且潇洒；但在平时，她是文静、和气的淑女，成绩优秀，举止有节。我们很高兴跟丽珠成为同学，因为她是一个至真至善的人。有朝一日，当她成为飞得最高的飞行员的时候，我们会为她感到骄傲的。①

张丽珠自己也回忆说：

我当时受到“航空救国”的影响，所以就想将来呀，自己能够造飞机，自己还要开飞机，自己很想当一个飞行员。所以一毕业有考试，我满处查看，看哪个地方对我最合适，就看见有南京的中央大学有航空工程系，所以我就报考了。②

在考试前后，张丽珠作为上海体育界的一员健将，还参加第七届全国运动会上海女排队的训练。一切进展顺利，但随之而来的战争打断了这一切。

① 上海工部局女子中学《丁丑年刊》，1937 年。原文为英文。

② 张丽珠访谈，2013 年 1 月 17 日。资料存于采集工程数据库。

第二章
战争时期的“非常女生”

借读与家变

1937 年夏天，张丽珠一边自信满满地备战全运会，一边对搏击长空满怀憧憬，忙碌而充实，带着一点即将开拓未来的激动。

可就在 7 月 7 日，日寇挑起卢沟桥事变，全面抗战爆发。战局很快恶化，8 月开始，日本人频频在上海挑衅。到 13 日，按捺不住的敌军发起了对上海的全面攻击，第二次淞沪抗战开始。中国军队奋起反抗，年轻的中国空军予敌以重创，自身也损失惨重。上海各界人士各尽其能，倾力支援前线。张家避居租界，在战火中几度辗转，得以暂保平安，但家人无时无刻不关注战局进展，既对敌人的凶残和无耻感到愤怒，又因国家前途命运未卜而忧心忡忡。国民政府在南京组织国防参议会，张耀曾被列为参议员。他因对政治失望而退出政界多年，国府高层多次征召而不就，此时觉得“国难至此，不容不出”，遂就任参议员，只是由于身体原因不得不滞留

图 2-1 1937 年的张丽珠

上海，组织学会研讨制敌方略[①]。

战火纷飞之中，9 月 9 日，《申报》发布了中央大学的录取新生名单[②]。张丽珠如愿以偿地被工学院航空工程系录取，而且是该系唯一的女生。但当时局面非常混乱，早在 8 月份，中央大学就已经开始着手迁往大西南，要去学校报到需要费一番周折。而且此时日军飞机经常深入内地狂轰滥炸，兵荒马乱，路上也不太平。家里人实在不放心让张丽珠一个年轻女孩孤身踏上前途未卜的报到之路，尤其是她一直生活条件优越、从未出过远门。父母都坚持让她留在相对安全的租界里，她也只好从命。[③]

她报考并被录取的另一所学校东吴大学也已迁往内地。此前，9 月 7 日，国民政府教育部颁布了战区学生借读办法及容许借读学校[④]。根据该办法，张丽珠以东吴大学新生的身份申请并于 10 月进入暨南大学物理系借读。

战火初起时，暨南大学真如校区就已被夷为平地，该校遂奉教育部令迁入公共租界继续办学，教学场地、设施都得不到保障，外界传来的战事信息一个比一个糟，更是雪上加霜。

11 月 12 日，上海沦陷，抗日战争期间规模最大、战斗最惨烈的大会

① 张耀曾日记。见：杨琥编,《宪政救国之梦——张耀曾先生文存》。北京：法律出版社，2004 年。

② 国立武汉、中央、浙江大学录取新生通告。《申报》1937 年 9 月 9 日第 4 版报道。

③ 张丽珠：*Reminisces of the Past and a Bright Outlook on the Future*。该文是她于 1980 年 7 月作为中国代表参加联合国教科文组织在挪威奥斯陆召开的“变化社会中的创造型妇女（Creative Women in Changing Societies）”研讨会上所做的报告。原文为英文。

④ 韩信夫、姜克夫主编,《中华民国史大事记》第 8 卷（1937–1939）。北京：中华书局，2011 年。第 5588 页。

战之一宣告结束。租界被日军包围，正式成为“孤岛”。三个月来处于抗敌激情中的人们一时难以接受这种反差：

> 在一天的清晨，我醒觉起来，发现我已经是在孤岛上——我们被遗留在这里，和大陆隔绝了！一切都像梦般地过去了！这三个月里的一切，种种的事实都像大梦地过去了！使人兴奋感动、激发、可歌可泣的种种事实，竟然像梦境般消失而成为过去的了！①

图 2-2　上海“孤岛”时期暨南大学的部分校舍（上海康定路）

上海失守后，年末又传来了华北即将在日本人卵翼下组织傀儡政府的消息，张耀曾听后叹息：“在日人铁蹄下，焉能成立独立自由之政权？”因此感叹“时局至此，如余者实不应再留沪上，然身体太差……真无可奈何也！”

就在这样恶劣的外部环境和教育条件下，张丽珠仍然坚持认真学习，在 1938 年 1 月学期结束的时候取得了相当好的成绩。但此时局部战况已定，南京已然陷入敌手，对她来说启程去内地读书是不现实的，也不能一直做借读生，因此她必须做长远打算了。她在一次访谈中提到：

> 重庆去不了，我就在上海暨南大学借读了半年物理。现在想起来物理也非常好，可是那时侯老师跟我说，学物理有什么意思。那时

---

① 林憾庐：孤岛的静寂。见：《劫后的上海》。上海：战时出版社，1938 年。

候我自己对基础科学认识不够。后来我就知道内地和中央大学都去不了，我就要有个长远一点的考虑。[①]

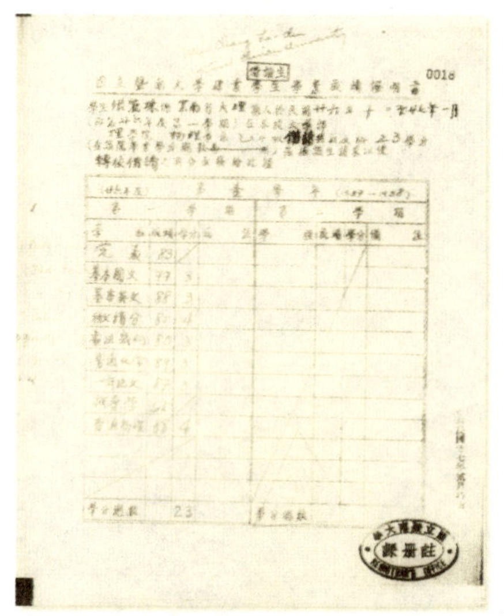

图 2-3 张丽珠在暨南大学借读时期的成绩单（1938 年 1 月）

所谓长远考虑，一方面是要找一所更稳定的学校，但更重要的还是对专业的选择。航空是学不了了，严酷的环境使得张丽珠不得不面对现实。其实当时接受高等教育的女子就业面是很窄的：

妇女生活，下等妇女大部分或工厂做工或在家做工，多有入息；中上等妇女除医生教员外都没职业……[②]

要从今后的就业与发展来说，女子学医还算比较好的出路。经过考虑，张丽珠决定走这条路。当时上海学医的去处有国立上海医学院、同德医学院、圣约翰大学医学院等几所，综合考虑各校的优势，加上中学时候的很多同学都去了圣约翰[③]，张丽珠决定大一下学期转到圣约翰去读医预科。

转到圣约翰之后的半年里家中发生的变故增强了张丽珠学医的愿望和决心。战事初起时，张耀曾即已疾病缠身，此后因战事不利而焦灼不安、耗费心神，一直未能大好。1938 年年初，他在日历首页大书“民族复兴”四字，以之为“今年之最大愿望”。3 月，撰写《孤岛上我的决心和态度》，明言“不误国、不卖身、不做官、不见日本人”，“以中国独立为唯一目标、

① 曾涛：唐有祺 张丽珠——风雨同舟 伉俪情深。见：中央宣传部宣教局等主编，《科学人生：50 位中国科学家的风采》。北京：学习出版社，2004 年。

② 上海信托股份有限公司编辑部，《上海风土杂记》。上海：上海信托股份有限公司，1932 年。

③ 同①。

运用心思和能力”。7 月，却突发重病，竟然不治。张丽珠姐妹几人口述的讣告详细记录了当时的情形：

> 本年七月十九晚，忽感寒冷，肠胃不适。翌晨，体温升至三十七度九，亟延许世芳医士诊视，初认为感冒、消化不良，嘱进蓖麻油。泻后体温益增，验血有伤寒菌，遂断为伤寒症，但检大小便，又无菌状。复延吴旭丹医士同诊，亦疑莫能定，取血去。府君体温日增不已，但别无痛苦与险状。二十五日下午，升至三十九度六，经许医士施行灌肠，冀减热，反升至四十度二，医士谓此为伤寒应有过程，并未言已濒危殆。傍晚，吴医士来诊，谓验血结果无伤寒菌，但热度病状殊相类，不敢断为何症。是夜三时前，府君神识尚清，家母视疾在侧，已数夜未眠，府君犹屡促入别室安息。其后渐入昏迷状。二十六日晨，体温升至四十一度，脉搏亦微，不复能言。许医为通小便，热不少减，吴医继至，相互讨论，疑为回归热，复取血检查，并注射葡萄糖液及大量盐水。医甫去，手足忽起痉挛，病象突变，吴、许两医均不在，急延沈、刁、黄诸医来诊，皆束手无术。延至午时，竟弃不孝等而长逝矣！①

病势沉重之时，张耀曾仍牵挂着武汉会战的战况，意识稍有清醒时只是问道“汉口无恙否？”。父亲的去世对张丽珠是一个沉重的打击：“父亲去世后，我第一次走在门外马路上，感

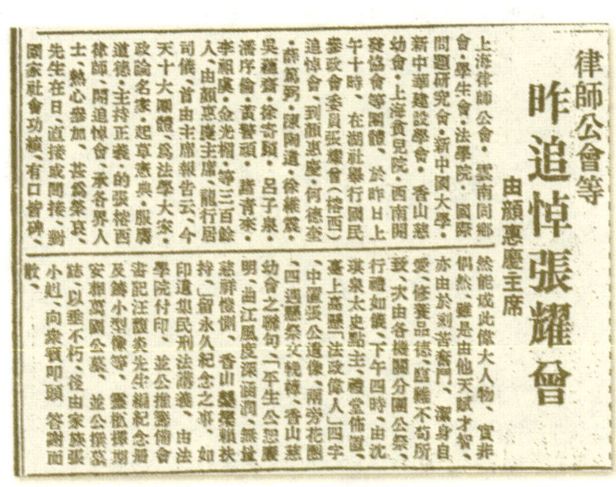

律師公會等

昨追悼張耀曾

由顏惠慶主席

上海律師公會・雲南同鄉會・學生會・法學院・國際問題研究會・新中國大學・新中華建設學會・香山慈幼會・上海貧兒院・西南開發協會等團體、於昨日上午十時、在湖社舉行國民參政會委員張耀曾（鎔西）追悼會、到顏惠慶・何德奎・薛篤弼・陳陶遺・徐維震・吳蘊齋・徐寄廎・呂子泉・潘序倫・黃警頑・諸青來・李祖虞・金光楣・等三百餘人、由顏惠慶主席、龍行居司儀、首由主席報告云、今天十大團體、爲法學大家・政論名家・起草憲典・服膺道德・主持正義・的張鎔西律師、開追悼會、承各界人士、熱心參加、甚爲榮哀、先生在日、直接或間接、對國家社會功績、有口皆碑、然能成此偉大人物、實非偶然、雖是由他天賦才智、亦由於刻苦奮鬥、潔身自愛、修養品德、臨難不苟所致、次由各機關分團公祭、行禮如儀、下午四時、由沈淇泉太史點主、禮堂佈置、臺上高懸「法政偉人」四字、中置張公遺像、兩旁花圈、四週懸祭文輓聯、香山慈幼會之聯句、「平生公忠體明、由江風度深涵潤、無[illegible]慈祥惻[illegible]、香山[illegible]扶持、」留永久紀念之[illegible]、如印遺與民刑法溝通、由法學院付印、並公推籌備會[illegible]記汪馥炎先生編紀念冊及鑄小型像等、籌款[illegible]安葬萬國公墓、並公推蔡[illegible]以垂不朽、從由家族張小姐、向衆頓叩頭、答謝而散、

图 2-4　张耀曾追悼会的报道（《申报》1938 年 10 月 24 日第 10 版）

① 张宁珠、张馨珠、张惠珠、张丽珠口述，张元济执笔：先考镕西府君行述。见：杨琥编，《宪政救国之梦——张耀曾先生文存》。北京：法律出版社，2004 年。

到世界怎么换了样。”[1] 而且，治疗过程中的种种不如人意也坚定了她学医的志愿：

不久我就巩固了我学医的想法，因为我父亲有病，没有得到满意的治疗，去世时对我触动很大。我就想要做一个好医生，就坚持学医了。[2]

父亲在张丽珠的成长过程中发挥了极大的影响，对她的品格、处世、生活习惯的养成起了关键作用。此外，据梁漱溟先生记述：

公（张耀曾）有四女而无子。遗嘱：第四女张丽珠之子为孙，命名张昭达以继宗嗣。[3]

无子在当时很多人看来是一种遗憾，张丽珠回忆说：

我父亲去世之后，很多人送了挽联什么的，有一副好像意思是说：“你现在走了，最可惜的就是你只有四个女儿。”我看了这副挽联后特别耿耿于怀，很不满意。[4]

这成为一种动力，时时激励张丽珠准备今后实现父亲遗愿，证明女儿也能延续宗嗣，这是后话；她更加努力地去完成学业，争取有所造就，为父亲争光。

---

① 张丽珠：缅怀我的父亲张耀曾先生。见：杨琥编，《宪政救国之梦——张耀曾先生文存》。北京：法律出版社，2004 年。

② 曾涛：唐有祺　张丽珠——风雨同舟　伉俪情深。见：中央宣传部宣教局等主编，《科学人生：50 位中国科学家的风采》。北京：学习出版社，2004 年。

③ 梁漱溟：张公耀曾生平及家世——答近代史研究所信底稿。见：中国文化书院学术委员会编，《梁漱溟全集》第 7 卷。济南：山东人民出版社，2005 年。但据张昭达先生亲口讲述，他的名字并非外公亲口指定。

④ 同②。

在圣约翰学医

1938 年 1 月，张丽珠以借读生的身份，入圣约翰大学文理学院一年级读医预科。读毕一学期后，9 月，她通过严格的考核，正式转学至文理学院医预系读二年级[①]。

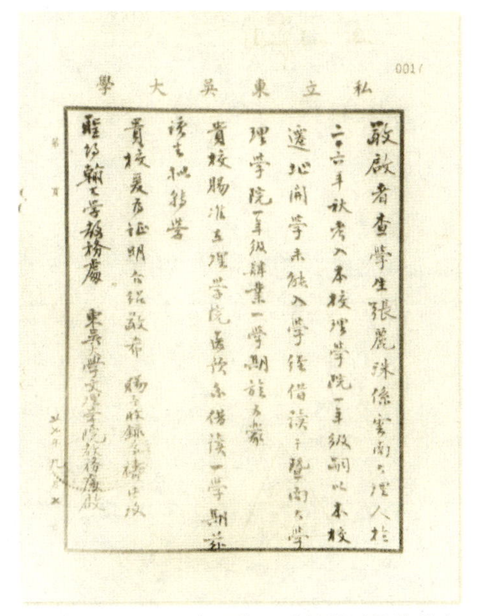
私立東吳大學

敬啟者查學生張麗珠係雲南大理人於
二十六年秋考入本校理學院一年級嗣以本校
遷地[illegible]學未能入學僅借讀于暨南大學
理學院一年級肄業一學期茲[illegible]
貴校[illegible]准在理學院醫預系借讀一學期茲
請予批轉學
貴校爰為証明合[illegible]敬希 [illegible]
聖約翰大學教務處 東吳大學文理學院教務處啟

图 2-5 1938 年，张丽珠转学到圣约翰大学的证明材料之一

圣约翰大学在当时颇负盛名，教学条件一流，入学与毕业均极严格，因此其毕业生在社会上广受认可。有人总结其地位说：

> 无论从历史还是从声誉上来看，圣约翰大学无疑是旧中国一所著名的高等学府。就创办年代而言，圣约翰不仅是西方基督教差会在华创办最早、历史最久的教会学校之一，而且是国内第二所提供正式高等教育的教会大学。就知名度而言，圣约翰堪称“江南教会第一学府”，在某些圈子里甚至被誉为“东方的哈佛”。[②]

该校的医学院发端于 1880 年创设的医科。1914 年圣约翰校方通过与美国宾夕法尼亚医科学会协议，将广州宾夕法尼亚医学院与圣约翰大

---

① 圣约翰大学对转学生的考核很严格，在其他学校所修的学分，须在圣约翰就读一学期后，再按照圣约翰的规定结合学生本人情况决定承认与否。

② 徐以骅：主编序。见：《上海圣约翰大学（1879–1952）》。上海：上海人民出版社，2009 年。本节关于圣约翰大学的内容，如无特殊说明，均出自该书。

学医学院合并，改称圣约翰大学宾夕法尼亚医学院分部，简称圣约翰大学医学院，由莫约西（J. C. McCracken）出任院长，学生毕业时的学位证书上均注明“Saint John's University Medical College being the Branch of PENNSYLVANIA UNIVERSITY Medical College（圣约翰大学医学院为宾夕法尼亚大学医学院之分部）”。从1906年开始，圣约翰医科的最低入学要求已达到美国A级医学院的入学要求。

据曾任医学院院长的倪葆春回忆，张丽珠就读时，该院的学制与课程如下：

> 圣约翰书院于1906年改为大学后，开始授予毕业生学位，医学院改为7年制。这个7年制，大体上说来是高中毕业后在医预科学习2年、医本科学习4年和医院实习1年，毕业后授予医学博士学位。至于课程设置则常有变动，到了1929年以后才比较稳定。这样，7年制的课程和学位有两种不同形式的安排。第一种，如果仅欲得医学博士学位，则在医预科修满2年化学、1年生物学、1年物理学和2年大学英文，加上医本科4年及医院实习1年即可。第二种，如果要同时得到理学士和医学博士学位，则医预科的要求就比较高些，必须修毕化学2年、生物学1年半、物理学1年半、国文2年、大学英文2年、心理学1学期、体育课2年、宗教课2年。也就是说，修毕大学2年和医本科2年即可得理学士学位，待修毕医本科全部课程和医院实习1年又可得医学博士文凭。以上两种安排，虽然医预科的要求稍有出入，但是医本科的课程则是一样的。这种7年制的特点是：一、基础科学多，二、医学基础课学时多，三、内科学和外科学学时多，四、公共卫生学学时多。这是好的一面；但是另一面缺点也不少，例如妇产科和儿科学时少，有些课程分得太细，以致缺乏系统性和过多重复等等。况且全部课程都是用英文的，在实际临床应用上会发生困难，虽然有64学时的中国医学术语，但还是不够的，与病人缺少共同语言。[①]

① 倪葆春：关于上海圣约翰大学医学院。见：上海市政协文史资料委员会编，《上海文史资料存稿汇编（教科文卫）》。上海：上海古籍出版社，2001年。

张丽珠选择的是同时拿理学士与医学博士学位的课程安排。在完成两年的预科学习后，“必须经过严格考试，所有科目都要达到85—90分以上，才有资格进入医本科，继续医科的学习，否则就被淘汰，只好改读其他学系。”[①] 她通过考核，于1939年转入医学院一年级学习，迎来更加繁重的课业。除去第五学年的医院实习外，前四学年的课程表如下：

学年、学期		课程及周学时数
一	上	社会科学3、外国文4、医学概论1、数学3、物理学6、无机分析化学9、有机化学6、生物学6
	下	社会科学3、外国文3、物理学3、无机分析化学3、生物学3、解剖学6、组织学与胚胎学3、生理学3
二	上	社会科学3、外国文3、解剖学12、组织学与胚胎学6、生理学6、生化学3
	下	社会科学3、外国文3、细菌学6、寄生虫学3、病理学6、药理学3、生化学6
三	上	细菌学3、寄生虫学6、病理学6、药理学6、诊断学9、内科学3、外科学3
	下	内科学9、神经精神科学3、外科学9、小儿科学3、妇产科学3、专科选习（包括内科、外科、小儿科、妇产科等四专科）6
四	上	内科学6、神经精神科学3、外科学6、小儿科学3、妇产科学3、眼耳鼻喉科学3、公共卫生学3、专科选习（包括内科、外科、小儿科、妇产科等四专科）9
	下	矫形外科学3、泌尿科学3、皮肤科学3、眼耳鼻喉科学3、放射线学3、法医学2、军阵医学1、专科选习（包括内科、外科、小儿科、妇产科等四专科）18

医学相关课程都包括实习在内，临床类的课还要进行临诊讨论，四年下来，总计要修5460学时的课程[②]。医本科一般使用最新的外文原版教材授课。有学生回忆当年的苦读情形：

> 不少住宿的同学不会忘记，在冬天每晚十点宿舍熄灯后，披着棉被，在昏暗的走廊路灯下继续背诵课本内容的情景。进入医学院本科

① 郭德文：名医的摇篮——圣约翰大学医学院。见：《上海圣约翰大学（1879–1952）》。上海：上海人民出版社，2009年。

② 表格与数据根据上海市档案馆所藏圣约翰大学档案整理。

后第一遇到的难关就是通过解剖学这门课，多年来执教这门课的是张光朔教授，他治学严谨，对学生的要求特别严格，有不少学生因不能及格过关而被淘汰。所用的课本 *Gray's Anatomy*，是每一个医学院毕业生印象最深刻的课本之一。①

英文教学是圣约翰的传统：

在圣约翰大学里，像章程、通告、书信等都是用英语书写的；同学们相互交谈也是用英语；教师讲课更不用说，不论中国或外国教员全是用英语。②

张丽珠对自己在圣约翰接受的医学教育很满意，觉得与同期美国的医学教育相比也没什么差别。③ 当时医学院教师专任的很少，尤其是临床课教师几乎全部是由开业医师兼任的。他们的优点是临床经验丰富，同时能给学生提供较好的实习条件，但同时对学生自学能力的要求也高：

每个教师所担任的教学量不多，而且教师对学生的要求总的说来是严格有余、辅导不足。也就是说，每门课程是否能及格，主要依靠学生自己。④

在这样的情况下，医学院的淘汰率是很高的，“由医预科 200—300 人淘汰至 40 人，而这 40 人中也很难全部能坚持到毕业。”⑤ 圣约翰医学院全部 56 年的历史上，毕业生总数仅有 466 人。

① 郭德文：名医的摇篮——圣约翰大学医学院。见：《上海圣约翰大学（1879-1952）》。上海：上海人民出版社，2009 年。

② 徐以骅、韩信昌：《圣约翰大学——海上梵王渡》。石家庄：河北教育出版社，2003 年，第 72 页。

③ 张丽珠访谈，2012 年 1 月 31 日。资料存于采集工程数据库。

④ 倪葆春：关于上海圣约翰大学医学院。见：上海市政协文史资料委员会编，《上海文史资料存稿汇编（教科文卫）》。上海：上海古籍出版社，2001 年。

⑤ 同①。

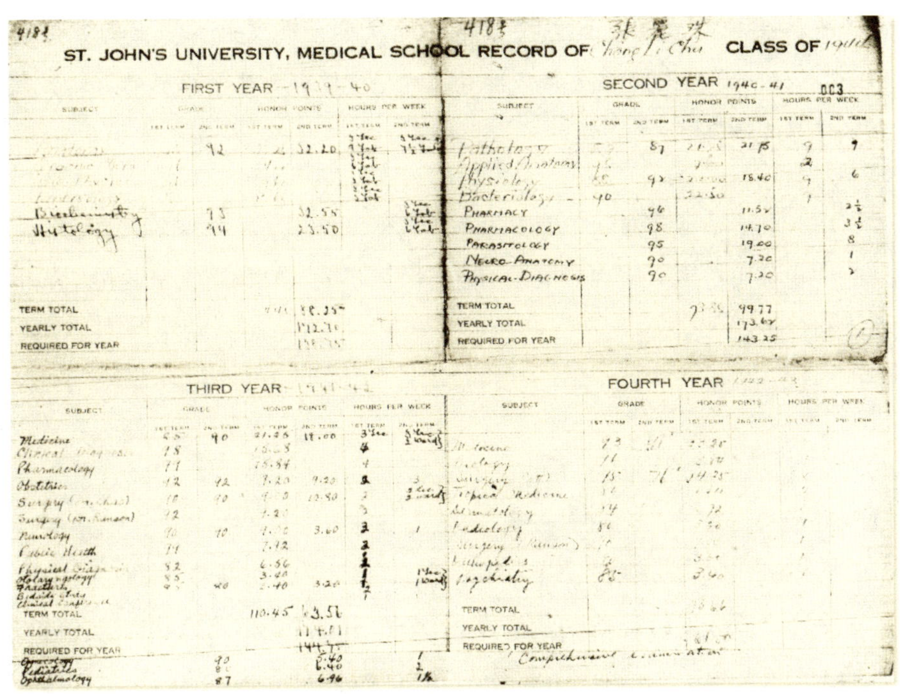

4183

ST. JOHN'S UNIVERSITY, MEDICAL SCHOOL RECORD OF Chang Li Chu 张丽珠 CLASS OF 194[illegible]

FIRST YEAR 1939-40

SUBJECT	GRADE 1ST TERM	GRADE 2ND TERM	HONOR POINTS 1ST TERM	HONOR POINTS 2ND TERM	HOURS PER WEEK 1ST TERM	HOURS PER WEEK 2ND TERM
[illegible]		92		32.20		
Biochemistry		93		32.55		
Histology		94		23.50		
TERM TOTAL				58.25		
YEARLY TOTAL				112.70		
REQUIRED FOR YEAR				[illegible]		

SECOND YEAR 1940-41 003

SUBJECT	GRADE 1ST TERM	GRADE 2ND TERM	HONOR POINTS 1ST TERM	HONOR POINTS 2ND TERM	HOURS PER WEEK 1ST TERM	HOURS PER WEEK 2ND TERM
Pathology	[illegible]	87	[illegible]	21.15	9	9
Applied Anatomy	[illegible]		[illegible]		2	
Physiology	[illegible]	92	[illegible]	15.40	9	6
Bacteriology	90		22.50		7	
Pharmacy		96		11.52		2½
Pharmacology		98		14.70		3½
Parasitology		95		19.00		8
Neuro-Anatomy		90		7.20		1
Physical-Diagnosis		90		7.20		2
TERM TOTAL			[illegible]	99.77		
YEARLY TOTAL				173.67		
REQUIRED FOR YEAR				143.25		

THIRD YEAR 1941-42

SUBJECT	GRADE 1ST TERM	GRADE 2ND TERM	HONOR POINTS 1ST TERM	HONOR POINTS 2ND TERM	HOURS PER WEEK 1ST TERM	HOURS PER WEEK 2ND TERM
Medicine	85	90	21.25	18.00	3 lec.	
Clinical Diagnosis	78		[illegible]		4	
Pharmacology	77		15.84		4	
Obstetrics	92	92	7.20	9.20	2	3
Surgery ([illegible])	90	90	[illegible]	12.80	2	
Surgery (Dr. Ransom)	92		7.20		3	
Neurology	90	90	[illegible]	3.60	2	1
Public Health	89		7.12		2	
Physical Diagnosis	82		6.56		2	
Otolaryngology	85		3.40		1	
Fractures	[illegible]	80	2.40	3.20	½	
TERM TOTAL			110.45	63.56		
YEARLY TOTAL				174.01		
REQUIRED FOR YEAR				144.75		
Gynecology	90			5.40	1	
Pediatrics	80			6.40	2	
Ophthalmology	87			6.96	1½	

FOURTH YEAR 1942-43

SUBJECT	GRADE 1ST TERM	GRADE 2ND TERM	HONOR POINTS 1ST TERM	HONOR POINTS 2ND TERM	HOURS PER WEEK 1ST TERM	HOURS PER WEEK 2ND TERM
Medicine	[illegible]		[illegible]			
Tropical Medicine	[illegible]		[illegible]			
Psychiatry	85		3.40			
TERM TOTAL			[illegible]			
YEARLY TOTAL						
REQUIRED FOR YEAR						

Comprehensive examination

图 2-6 张丽珠在医本科第一学年至第四学年的成绩汇总表（1939—1943）

张丽珠是 1939 级医学院学生中的佼佼者，她在医本科阶段的成绩，除第一学年为全班第二名外，其他三年均为第一。她的聪明是全班公认的，数十年后她的女儿去美国留学曾遇到一位她当年在圣约翰的同班同学：

> 他告诉我那时候虽然我妈妈是个女孩，但是她在他们班学习是最优秀的，他们都特别佩服她。而且我还记得，他还跟我说只要你有你妈妈的脑子就不会错，就一定能学好。因为到外头来换了新环境都是有困难的。我都没跟他和他的太太说什么，他们就说只要你像你妈妈这样就肯定没错。①

张丽珠自己也说：

> 我每次发回来的考卷，我觉得很容易读的。我根本课后就没

① 唐昭华访谈，2014 年 1 月 2 日。资料存于采集工程数据库。

有再去读它，可是我记得很牢。所以我每次发考卷，上面都写着“Excellent”。老师总是抬头看我，觉得好像那种比较惊喜的表情，觉得我考得挺好。①

事后回顾，往往倾向于觉得当年的路非常轻松。虽然学习本身对张丽珠来说也许没有太大压力，但在当时外敌入侵的大环境下，学业与生活也并不十分轻松。

非常时期的校园生活

淞沪会战爆发后，圣约翰大学迁往公共租界的南京路大陆商场（慈淑大楼）办学，租了十几间房，后来扩充到二十几间，供全校师生及圣约翰中学、圣玛利亚女中教学所用：

由于人多屋窄，只好采取轮流上课的办法，大学上午上课，中学和圣玛利亚女中下午上课，拥挤之状，可以想见。②

张丽珠的医预科学习就是在这里完成的。当时，张家住在法租界，她每天早上出去先坐三轮车，到静安寺再坐电车，然后才能到上课的地方。这样自然很难有校园的氛围，张丽珠说：

我一去圣约翰大学，已经搬到城里边一个大厦里头，所以我每天上学，早上去，晚上回来，就这么上课……那时候同班的同学我也不

① 张丽珠访谈，2012 年 1 月 24 日。资料存于采集工程数据库。

② 徐以骅、韩信昌：《圣约翰大学——海上梵王渡》。石家庄：河北教育出版社，2003 年，第 33 页。

> 太记得，都没什么联系，不像在校园里在一起玩。[①]

这种局面大概持续到1939年，此时张丽珠已正式进入医本科学习，圣约翰大学也搬回梵王渡校区办学。但医学院在位于白利南路的兆丰花园对面开办，与同仁第二医院在一起，这里原本是国立中央研究院的房屋。张丽珠的很多课是在这里上的。

图 2-7　圣约翰大学曾借用办学的大陆商场（即慈淑大楼）门口（1939 年）

当时的老师里，她印象比较深的有黄铭新教授[②]。黄铭新1934年在圣约翰大学获医学博士学位，1936年赴美深造并获科学博士学位。1939年出于爱国热忱，认为不应贪恋一己安逸，回国到母校任教，担任内科正教授。在当时，

> 由于日美关系日趋紧张，美籍教师相继返国，所以师资缺乏。另外，医学院的环境和条件也十分恶劣。黄教授不避危难，挑起重担，惨淡经营，全副精力都投入医学院工作中。举凡一时聘请不到师资的课程，只要他能胜任，他都一一承担。他先后教过内科学、临床化验学、细菌免疫学及寄生虫病学。为了教好这些课程，他经常备课至深夜。他认为，事情总是要人去做的。工欲善其

图 2-8　黄铭新教授（1939 年）

---

① 张丽珠访谈，2012年1月24日。资料存于采集工程数据库。

② 张丽珠：《从医从教60年——张丽珠回忆录》，未刊稿。“黄铭新”误作“王明新”。

事，必先利其器；致力于科学人才的培养，未来事业就有指望。[①]

正是因为有这样的教员，医学院的教学才得以维持。张丽珠也分外珍惜这得来不易的学习机会，她后来回忆道：

在日军占领的那些年里，我以学业为重，没有卷入任何政治或宗教事件……男生们也带着敬意在彼此间谈论我："她像石头一样顽固坚硬。"[②]

这里特别提到男生们的评价，固然是因为这是一次妇女会议上的讲话稿，但也跟当时圣约翰以及社会上的风气有关。起初，圣约翰大学是不收女生的，直到20世纪30年代中期，校内仍为是否招收女生而辩论。1936年春季校内英语辩论决赛辩题就是"本校应否男女同学"，结果正方胜，理由之一就是可以"因竞争心而提高学业程度"[③]。当年，圣约翰中学的姊妹校圣玛利亚女中毕业生申请入学，获得批准，由此圣约翰大学开始收女生。因此1937年开始读大学的张丽珠算是该校比较早的女生之一。

男女同校之后，性别间在学业上的竞争引起了广泛的关注。在男性一方，虽然口头上未必说，但很多人骨子里仍是轻视女子的；在女性方面，则长期以来受到压制所产生的不平之气也要有一个出口。竞争的结果，让男生大跌眼镜、让女生扬眉吐气的是，女生们在学业成绩上居然经常能压男生一头。张丽珠是一个很好的例子，但并不是个案。与她同在"孤岛"上海学医的一名女生曾于1941年给大后方的医校女同学写过一封信，其中分析了女生的优势：

每次考试，我们女同学都占着优势。能够占着优势的缘故，有这

---

① 江绍基、曾民德：一片丹心为病人——记黄铭新教授。见：《上海圣约翰大学（1879–1952）》。上海：上海人民出版社，2009年。

② 张丽珠：*Reminisces of the Past and a Bright Outlook on the Future*。原文为英文。

③ 梵人：你别说男女同学没有好处！。《学校新闻》，1937年第54期，第14页。

几点：

> A. 我们能把握住“静”，经常的准备，不像男同学在接近考试的时期，才手忙脚乱的紧张起来。
>
> B. 我们女同学间，比较男同学有联络。男同学和男同学间，互相竞争，他们除掉想占着我们女同学的“上风”以外，还要和他们自己的同性竞争。我们女同学，大体上感情都很好……①

当然，与外面世界的战争相比，这种男女同学间的小竞争也不算什么了。张丽珠虽然以学业为中心任务，但曾立志“航空救国”的她又如何能完全不闻窗外事。只不过经过家庭变故之后，她不再迷恋冲动的口号，而是将所有决心化作上进的动力。

专心做事的时候，时间总是过得很快。转眼到了 1941 年的夏天，张丽珠读完了医本科的二年级，拿到了理学士的学位。6 月 5 日，学校举行了隆重的毕业典礼：

> 在晨光熹微天有雨意的气氛下，南京路上有无数青年，身着毕业礼服，群集于外国青年会的礼堂，然后排队齐向大光明影剧院出发。队中有男有女、有老有少，华洋杂处，济济一堂，有的是鹤发童颜，有的是少年英俊。他们的衣冠与众不同，具有中古的神秘色彩，很庄严的缓步的前进，因此颇惹起市民惊奇的注视，想不到在这个商业心脏的中区，发现上海最高学府的精英。这是华东六大学②毕业典礼的起始。
>
> 到了大光明后，授予学位典礼立即起始。先由卜舫济博士③祈祷，在他的祷文中，大家都听见他用严肃虔诚的语调，为中国的幸福、统一、合作、兴盛祈求，一字一白，打到每个人的心弦。次由李培恩博

---

① 赵文琳：遥寄医校女同学。《西南医学杂志》，1941 年 1 卷 5 期。

② 指当时聚集在上海联合办学的六所教会学校：金陵女子文理学院、上海女子医学院、之江文理学院、东吴大学、沪江大学、圣约翰大学。

③ 卜舫济（Francis Lister Hawks Pott，1864–1947），美国人，1883 年毕业于哥伦比亚大学，1886 年获圣公会总神学院神学士学位，同年来华。1888 年起投身教会教育。1888–1941 年一直主持圣约翰校政。

士致词……

昨日来宾极多，率皆学生的亲属和友好。他们含笑欢迎毕业生入席，若不胜其庆幸者。而数百毕业的青年，亦复笑逐颜开……

毕业典礼在隆重的空气中举行，每一节目，均有人摄影。因为大光明场内黑暗，摄影不易，因之磷火四起，宛如希特勒的闪电战争，眩人心目。不过我们望她成绩好，为华东六大学的毕业生，留下一个纪念。

管子曾经说过："十年树木，百年树人。"教育本来不是一件易事，而战争时期的教育，尤难支持。然而华东六大学在中日战争中的第四年，犹有四百个大学毕业生，这诚然是对于国家的一种贡献。我们更希望这"四百尊罗汉"努力，如宣德博士[①]所言，提起责任，造成一个新中国。[②]

对医学生来说，拿到理学士还远不是终点。这之后还有两年的课程、一年的实习。参加完毕业典礼，张丽珠很快重新投入到学业中去。但到了年底，形势又发生了根本的变化。1941 年 12 月 7 日，太平洋战争爆发，日军随即进占上海租界，"孤岛"彻底沦陷。圣约翰大学也落入敌人的直接控制之中：

约翰是美国教会创建的学校，敌人看起来当然是敌性的机构了。约翰的生命就随时随地受到威胁，黑暗闯进了这世外桃源。学校在风雨飘摇中挣扎……到底能活到几时，只有听天命、尽人事。敌宪不时到学校麻烦。上海是个国际性的都市，敌人无耻的暴行，在表面上虽还少见，可是高中学生已被强迫学习日语。大学里日语也成了必备的选科……[③]

① 力宣德（George Carleton Lacy，1888-1951），美国美以美会传教士，中国大陆最后一任卫理公会会督。他在此次毕业典礼上有发言。

② 赵尔谦：参观华东六大学毕业典礼。《申报》1941 年 6 月 6 日第 9 版报道。同版附有毕业学生名单。

③ 古大海：我怎样到约大。《约翰年刊》，1946-1947 年。

好在张丽珠作为高年级学生，已经修完了外国语，不用被逼着学日语。此前在孤岛时期，她基于喜欢运动的习惯，还经常参加一些排球、篮球类的联赛或是慈善募捐赛，太平洋战争后她连球赛也不参与了，只是埋头学业，每天上完课即回家。不变的是，她的成绩依然是班里最好的。

实习与就业

完成医学院第四学年的课程后，1943 年下半年开始，张丽珠到上海红十字会第一医院进行了为期一年的实习。这次实习令她终生难忘，使她开始从一名医学生向医生转变。她对当年查房的情景记忆特别深刻：

> 实习的时候就到红十字会医院，那个时候是在上海。实习的时候就是查房，我每次就是管一个病人，就对这个病人的情况特别明了，当时是陆院长兼内科主任，每一周查一次内科，查房。我自己就对病人做实验，做小便，做血、做大便的化验，所以对他的事情就了解的特别清楚。查房的时候，陆院长在我对面，我就在床边上跟他讲解病人的情况。我手里拿着病历，从来不看病历，我对病人非常了解，他问什么，我回答得很清楚。①

图 2–9　乐文照医师

这里提到的“陆院长”，实际上

① 张丽珠访谈，2012 年 1 月 24 日。资料存于采集工程数据库。

应该是指乐文照医师[①]，他当时是上海红十字会第一医院的院长兼内科主任。张丽珠在他手下学到不少东西，除了业务上的，更重要的是工作态度上的：

> 刚作实习大夫的一个晚上，我从睡梦中被叫醒急诊。在黑暗中，从宿舍经过几个庭院，伸手不见五指，到达急诊室。振作精神，进行抢救。我初步认识到一个医生的一生，没有一时一刻能脱离自己的医疗工作。不论日夜，随叫随到。不能有半点疏忽。这是医生的职责。人的生命是最宝贵的。医生手中把握着人的健康和生命。[②]

这次经历使她深受触动，第一次感受到作为医生的使命感、荣誉感和责任之重。正是从这个时候开始，张丽珠才真正意识到，选择医生作为职业意味着什么。此前她一直过着富家小姐的日子，唯一的任务就是学习，但此时她开始了身份上的转变。

完成实习之后，张丽珠终于从医学院毕业并获得医学博士学位。毕业典礼在梵王渡校区的交谊厅举行：

> 1944 年夏回学校行毕业典礼，穿着博士衣、带着博士帽坐在下面，突然听到张丽珠的名字被叫，原来是领取当年最优秀毕业生奖（The Best Graduate of 1944）。会后她的母亲、姑姑、中学校长都来向她祝贺。[③]

毕业之后，马上又要面临工作的问题。当时她有两个方向可以选择，

---

① 乐文照（1896–1979），宁波人，生于上海。1920 年毕业于哈佛大学医学院。回国后历任北京协和医院住院医师（1921–1922）、圣约翰大学医学院讲师及副教授（1924–1927），1927 年之后任国立上海医学院内科教授，并在红十字会第一医院兼职。新中国成立后任上海市卫生局内科顾问、上海市第一人民医院内科主任。

② 张丽珠：《从医从教 60 年——张丽珠回忆录》，未刊稿。

③ 张丽珠：张丽珠的成长过程。见：《我的医教人生》。北京：北京大学医学出版社，2008 年。

一是内科，一是妇产科。她本人原是很喜欢内科的，跟随乐大夫实习的时候双方也有比较好的交流。但最终她还是选择了妇产科，用她自己的话说：

> 当时对妇产科也不怎么了解，我觉得内科挺好的，乐院长他们都挺喜欢我的。可是我觉得我作为一个妇女的医生，做妇产科比较合适。其实我那时候对妇产科并不怎么了解。①

不过，在 1980 年的一次讲话中，张丽珠曾提及：

> 在选择工作领域时，我了解并认真考虑了作为一名妇女在社会上的优势和劣势，最终决定在妇产科领域工作，以便为妇女福祉而努力。②

医学院女生毕业后去做妇产科医师，在当时很多人看来是比较自然的事情。之前还有女生在刊物上号召大家：

> 我们绝不走近路，或迎合社会心理，做未来的产妇科医师。我们要做外科专家、病理学家、医校教授、公共卫生学家，我们为什么不能做呢？③

张丽珠的女儿在谈及这一选择时提到：

> 我小时候问过她，她也不止一次跟我说过，她觉得要为妇女做些事情，因为妇女经历生孩子的过程，有男人没有过的特别的痛苦。她觉得要为她们做点儿事……我觉得她有这个想法就这么去做了。

---

① 张丽珠访谈，2012 年 1 月 24 日。资料存于采集工程数据库。

② 张丽珠：*Reminisces of the Past and a Bright Outlook on the Future*。原文为英文。

③ 赵文琳：遥寄医校女同学。《西南医学杂志》，1941 年 1 卷 5 期。

图 2-10 王逸慧医师

当时选择妇产科作为工作方向，还有一个重要决定因素是她所去的工作地点。当时，家里人顾虑家庭背景，不放心让她自己出去找工作。于是，三姑就托一个朋友帮忙介绍张丽珠去王逸慧医师[①]的沪西产妇科医院担任住院医师。王逸慧本来就是圣约翰大学的兼职教师，曾教过张丽珠的妇产科学课程，因此这份工作还算合适。沪西产妇科医院建立于 1936 年，是一家小型私立医院，有十几张病床。张丽珠回忆在这家医院工作的经历时说：

> 他（王逸慧）那儿收了很多病人，有不同的病房，小的病房还有大间的，就是有贵的有便宜的。所以他白天动手术，出外去会诊，我老是跟着他，他上手术我也跟着他，他出诊我骑着车，他也骑着车，我们都出去看病……反正我就跟他学技术，我的确学到很多。[②]

纸上得来终觉浅，张丽珠在跟随王逸慧医师看门诊、上手术的过程中不断积累经验，很快成长起来。外部环境也在不断变化，1945 年，抗战取得胜利。1946 年，随着中美通航的恢复，张丽珠准备像无数前辈那样去国外游学一番，以增广见闻、拓展自己的知识结构和业务水平。

---

① 王逸慧（1898-1958），福建闽侯人。1923 年毕业于圣约翰大学，1924 年在北京协和医院外科工作，1926 年留美进修外科和妇产科。1928 年回国后历任北京协和医院妇产科副教授、上海医学院妇产科主任及教授、圣约翰大学医学院妇产科主任及教授等职，同时做开业医生。新中国成立后，他将自己的私立医院捐给国家，赴西安第二陆军医院妇产科工作。1958 年因心肌梗死去世。

② 张丽珠访谈，2012 年 1 月 24 日。资料存于采集工程数据库。

第三章 游学与归国

驶向新大陆

民国时期，虽然在国内的少数高校里已经能受到不逊于西方发达国家的高等教育，但若要做学术研究、涉足本领域的学术前沿，学子们还是要远渡重洋，去欧美国家留学、进修。张耀曾去世的时候，专门为女儿们留下了一笔经费作为出国深造之用。

1941 年，宁珠、馨珠大学毕业后去了美国。她们所乘坐的，是珍珠港事变前赴美的最后一班轮船。随后，太平洋战争爆发，家里就与她们失去了联系，多年未通音信。同时，由于战争的隔绝，张丽珠和三姐在大学毕业后也没能随即出国深造。

1945 年，盟国终于取得了战争的胜利，中美间的交通也逐渐得以恢复。这一年，二姐夫伍汉民因公事由美国回国，才带来了大姐、二姐的消息。原来馨珠近年化名张诵音，在“美国之音”电台做播音员，从事反法西斯的宣传工作。家人赶忙打开广播，随即就听到她的声音，胜利后的欢欣鼓舞又增进一层。

这时，张丽珠和三姐的留学也被家里人提上了日程。三姐联系了普渡大学（Purdue University），而张丽珠则在王逸慧老师的帮助下联系了衣阿华大学（Iowa University）。随后，家人就开始为两姐妹置办行装，只等中美之间恢复通航便启程。

然而，就在两姐妹即将成行的时候，家里遭遇了一件不幸的事情。母亲赵玟身体向来不好，父亲去世后一直未能复原，在一天夜里心脏病发作，于睡梦中安然逝去。

1946 年 9 月，姐妹两人辞别三姑和诸多师友，乘坐梅格斯将军号（General Meigs）轮船前往美国。这是恢复通航后较早的一条船。多年战争，国内滞留了一大批像张氏姐妹这样有意向、有能力出国深造的年轻人，同时国民政府为了给战后重建造就人才，也通过多种渠道为大家提供留学渠道和经费支持。闸门放开，大家各行其道，或公费、或自费，或留学、或进修，纷纷扬帆出海，因此同船的年轻人很多，大家心中充满对新生活的兴奋和对光明前景的企望，聚在一起，朝气蓬勃。张丽珠曾经回忆船上的情景和同船的人们：

> 那时我们坐的是统舱（Emergency Class）是三层床铺，我睡在最高一层。每日三餐，我们排着长队，拿着盘去领饭菜，吃得很香。船上有不少等待了几年想去美国深造的年轻人。我 1944 年从上海圣约翰大学医学院（附属于美国宾夕法尼亚大学）毕业获医学博士学位，已行医两年。张惠珠 1941 年从上海交通大学毕业。我们都获得美国方面的资助。和我很熟悉的有同班同学唐迪医师和他的未婚妻杨惠。还有李莹，也是圣约翰毕业的，是建筑系，也是我们卫乐园的邻居。大家聚在一起，说说笑笑，非常热闹，甚至引来了一些美国船员也来凑趣。我们对异国他乡的生活和学习虽然都不清楚，但对未来充满了美好的希望……船上还有其他大人物，冯玉祥将军躺在甲板上的躺椅上，他和他的秘书还和我们聊了很多话，因为他们都认识我父亲。还有紫金山天文台的张钰哲，我常和他在甲板上散步。才知道船上还有

头等舱和特等舱之别。上船时次序很乱，总算最后我看到我的大铁箱子被吊上了船，是我的同班同学张矩槐帮了大忙，这大铁箱子陪我度过了多少年的风风雨雨呀！岸上来送行的很多，一方面也是观光，因为后来他们大都在1948年前后来到了美国，而这些人大部分都在美国，后来张矩槐在Columbia大学医学院的放射治疗科担任主任，后在美国见了面。13天工夫我们乘坐船只横渡太平洋，直达旧金山。晚上抵达金门桥下，船停了一晚。大家都跑出来看，那远山及桥上的灯火，是多么令人兴奋呀！①

其实，当时同船的年轻人中，有一位后来成为和她相濡以沫的伴侣，他就是唐有祺先生。但在当时他们却彼此对面不相识，下船后便各奔东西。命运中的诸多偶然与巧合真是令人觉得意趣无穷、感慨万千。抵达旧金山后，船停了一晚，大家稍作休整，同时接受入境检查。

第二天清晨大家带着行李登陆，二姐张馨珠夫妇在岸上迎接。惠珠和二姐抱头痛哭，既是悲痛于母亲的辞世，也是发泄多年的离别之思。在旧金山二姐家中住了一晚，第二天伍汉民开车带大家横穿美国，向东部进发。在芝加哥的一家旅馆中，大姐来跟妹妹们汇合。四珠汇聚，细话别来情景，互诉衷肠，自有一番激动、感慨。

哭过笑过，整理好心情，大家准备按照计划各奔前程。三姐就启程去普渡大学，张丽珠也准备前往衣阿华。但是大姐、二姐她们都反对她去那么偏僻的地方，建议她还是去东部，那边名校众多、大师云集，研究水平更高，机会也更多。张丽珠拗不过，就跟随她们启程往东走，一直到纽约才停下来。大姐家在这里，而且这边著名的医学院和医院也确实多，张丽珠就决定在这里进修学习。

① 张丽珠：留学归国前后。见：全国政协暨北京上海天津福建政协文史资料委员会编，《建国初期留学生归国纪事》。北京：中国文史出版社，1999年。

博采众长

大都会的机会自然是要多一些，张丽珠很快就对此深有体会。好几次，她在电梯里就能碰见很多此前在教科书上了解到的妇产科学方面的大人物，并同他们有过良好的互动。

虽然大姐家就在纽约，但按照国外的规矩，张丽珠并没住到她家里去，而是很快就决定去哥伦比亚长老会医学中心（Columbia Presbyterian Medical Center）进修，并住在附近。该中心最早可以追溯到 1868 年，正式创建于 1922 年，是美国历史上第一所综合性医疗中心，历史上曾经对美国乃至全世界的医学发展都起到重要和积极的促进作用，并一直保持最好的医疗质量和最佳的教学方案，开创了许多医学研究领域，在诊断、治疗及医学基础研究等方面取得了不少令世界瞩目的成果，因此在全世界医学界的同行当中广受推崇。①

图 3-1　巴克斯顿医生（Charles Lee Buxton，20 世纪 40 年代）

张丽珠是在巴克斯顿医生（Charles Lee Buxton，1904—1969）的邀请下去该中心进修的。巴克斯顿在医学界是一位颇具传奇性的人物，他少年时期曾因脊髓损伤在 18 个月里接受 10 次手术，备受煎熬，由此立志行医济世。他于 1932 年在哥伦比亚大学获医学博士学位（M.D.），1940 年获医学科学博士

① 陈晓红：美国哥伦比亚长老会医学中心介绍。《中华医院管理杂志》，1995 年第 11 卷第 10 期。

头衔（Med.Sc.D.）。后来的学者曾这样总结他在学术上的贡献：

> 他对不孕症深感兴趣，并在该领域的研究中做出了重要贡献，包括内分泌学方面和临床手术两方面的工作。巴氏钳至今仍在肌瘤切除手术当中控制出血时频繁使用。当然，他最为重要的贡献还是能够敏锐地抓住学科发展当中那些有潜力的研究方向，然后找到合适的人来从事这些方向的研究。他将诸多学者汇聚在一起，从事内分泌学、胎儿监护和超声诊断方面的研究，并为他们提供在这些领域中进步的机会和条件。①

张丽珠到达纽约的时候，巴克斯顿正在哥伦比亚长老会医学中心开展妇科内分泌学的研究，四处招兵买马。张丽珠幸逢其会，由此开始涉足内分泌学最尖端的研究。

在研究的同时，她还努力在附近的几所高校里进修与该研究相关的课程。她在晚年总结说：

> 在纽约的纪念斯隆－凯特琳癌症研究中心 Memorial Sloan Kettering Cancer Center，纽约大学医学院进修了妇产科内分泌、局部解剖学，在约翰·霍普金斯（Johns Hopkins）大学学习了妇科病理和妇科手术。当时我的老师有 Drs. Buxton，Te Linde，Novak，Woodruff。②

其中提到的这几位都是妇产科学界的权威人物，有必要做一下专门介绍。除巴克斯顿外，其他几位都长期在约翰霍普金斯医学院（Johns Hopkins）任教。

诺瓦克（Emil Novak，1884—1957）的父母来自奥匈帝国治下的波西

---

① Ernest I.Kohorn. The Department of Obstetretics and Gynecology at Yale：the First One Hundred Fifty Years，from Nathan Smith to Lee Buxton，*Yale Journal of Biology and Medicine*，1993，（66）：85-105。

② 张丽珠的成长过程。见：《我的医教人生》。北京：北京大学医学出版社，2008 年。

米亚，其父对他的期望和教育都是要让他成为一名船员。幸亏由于他就读学校校长的坚持和帮助，他才得以入读医学院，并成为一名卓越的妇产科专家。由于其突出贡献，他于 1947 年当选为美国妇科学会主席。关于他的学术贡献，有人这样总结：

> 诺瓦克医生是忙碌的。作为全国知名的杰出妇产科病理学家，他在国际上声名远播。虽然如此，他并不把自己关在象牙塔里与世隔绝。他在去世前一年曾对一位来访者说："病理学对我来说只是一种爱好。一直以来，我日常工作的模式是上午外科手术、下午查房、晚间挑灯夜读，病理学研究只是占用零星时间。"他在夜晚写作，往往通宵达旦，发表过 160 余篇论文，基本都是病理解剖学方面的，以及两部教材：1940 年的《妇产科病理学》和 1941 年的《妇科学教程》。
>
> 诺瓦克在妇产科病理学方面做出了大量贡献。从 20 年代开始，他就子宫内膜周期的组织学研究做了不少考索工作，这诱使他开展了关于早期宫颈癌和早期子宫癌的研究，并开始注意子宫内膜增生与癌症之间可能具有的关系。①

图 3-2　诺瓦克（Emil Novak，1884—1957）

癌瘤早期诊断是当时医学界关注的焦点之一，张丽珠也开始涉足这一领域的研究。而让她倍感亲切的是，她在圣约翰读书时所使用的妇产科相关教材就出自诺瓦克之手。这也充分说明圣约翰的教学是很贴近世界前沿的。

特林德（Richard Wesley TeLinde，1894—1989）是另一位张丽珠早已通

① M. Thierry，Emil Novak（1884-1957）and the Novak curette，*Gynecol Surg*，2010（7）：201-202。

过教材心生景仰的大师。关于他的贡献，约翰霍普金斯大学档案馆这样总结：

> 1939 年，他在约翰霍普金斯获终身教授职位。在担任终身教职期间，他在妇产科系开创了生殖内分泌学领域的研究并发表了 100 多篇论文，在卵巢颗粒细胞瘤等方面的研究上取得一系列成果。他的《妇科手术学》教材一直是这一领域的权威著作。特林德还是最早认识到雌激素在治疗淋菌性阴道炎和更年期症状方面作用的学者之一。[①]

张丽珠这一时期跟随特林德看门诊、做手术，对于在他手下工作的情形，一直记忆深刻：

图 3-3　特林德（Richard Wesley TeLinde，1894—1989）

> 我们习惯右手执笔、干工作，所以应当用左手伸入阴道做检查，肘部和前臂呈 90°，向前探时，以身体前部顶住肘部向前，使前进力量受到控制而右手用来持器械……当我在国外开始工作时，那里的主任教授 TeLinde 观察我用左手阴道检查的动作，肯定我的基本训练是正规的。[②]

能得到妇科手术权威的认可，说明了圣约翰的教育是成功的，对张丽珠也是很大的鼓舞，从而在手术和相关工作当中更加严格地要求自己，一举一动都要有章法。

---

① 约翰霍普金斯大学网站。

② 张丽珠：寄语新一代妇产科医师——学习班上讲话（2005）。见：《我的医教人生》。北京：北京大学医学出版社，2008 年。

图 3-4 伍德瑞夫（J.Donald Woodruff，1912-1996）

与前面几位相比，伍德瑞夫（J.Donald Woodruff，1912—1996）相对年轻一些，但同样是一位优秀的学者，并具有非凡的感染力和组织能力，“充满活力、具有领袖气质，仪表堂堂，待人热情”。后来人如此评价他：

伍德瑞夫沿着库伦（Thomas Cullen）、诺瓦克和特林德的足迹前行。他的成绩使他们中的每一位都为他而骄傲。伍德瑞夫使妇产科病理学作为一门学科上升到了全新的高度，远远超出了前辈们对他的期望。①

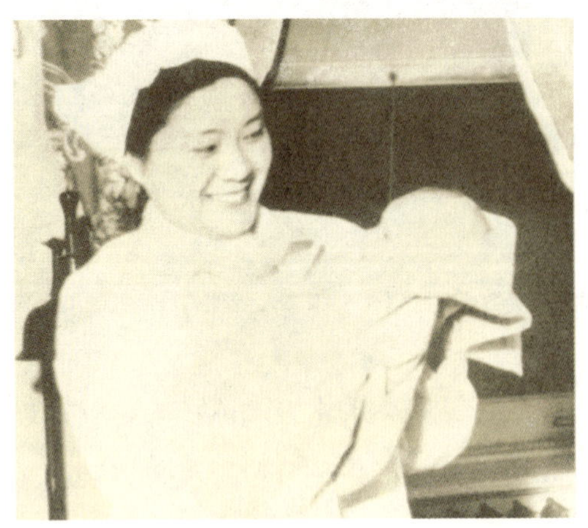
图 3-5 1947 年张丽珠留美期间在纽约医院婴儿室

正是在这些大师们的指导下，张丽珠局部解剖、妇科手术方面获取了大量临床经验，并系统地学习了妇产科病理学、妇科内分泌学的知识。这些都对她后来的工作有极大影响。

忙碌起来，时间总是很快，转眼到了 1947 年的下半年，张丽珠的学习已经告一段落。她感觉比起在巴克斯顿的实验室

① http://agosonline.org/member-pages-in-memoriam/woodruff-jd-1996.html。

里对着兔子做实验来，自己还是更喜欢做临床，实实在在地为别人解除痛苦，于是就转到纽约医院的妇产科工作。①

在纽约医院的工作主要是接生，对张丽珠来说压力不大，心情也愉悦。半年后，她觉得自己还有余力做一些研究工作，因此就参与了医院对面纪念斯隆－凯特林癌症研究中心（Memorial Sloan Kettering Cancer Center）的一些工作。该中心可追溯到 1884 年的纽约癌症医院，集中了一批世界顶级的肿瘤学家。张丽珠留美期间，正是该所迅猛发展的时期。1945 年，实业家斯隆（Alfred P.Sloan）和凯特林（Charles E.Kettering）提供了大量资助，在该中心成立了斯隆－凯特林研究所（Sloan Kettering Institute），中心也由此易名。1948 年，13 层的研究所大楼落成，专门用于癌症研究，是当时全世界最大的私立癌症研究机构。②

1948 年 1 月起，张丽珠开始在该所从事研究工作。当时，后来创造了巴氏染色法的巴巴尼科洛夫博士③也在这里工作，从事早期癌瘤的诊断和治疗。这方面的研究在当时已经成为学界关注的焦点之一，张丽珠前期在各校进修时也从老师们那里接受过相关理念和知识。因此她在相关研究中能够很快

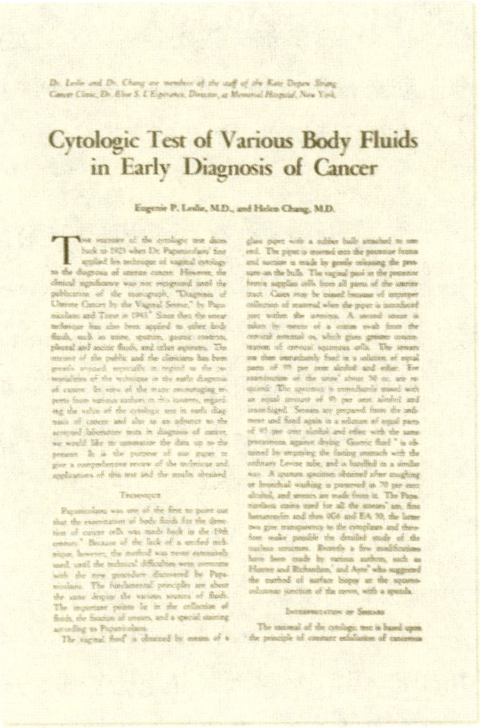

图 3-6　张丽珠与同事合作发表的第一篇英文论文（首页）

① 张丽珠访谈，2013 年 1 月 31 日。资料存于采集工程数据库。

② 纪念斯隆－凯特林癌症研究中心网页。

③ 巴巴尼科洛夫（George Nicholas Papanicolaou，1883－1962）生于希腊，1910 年在德国获得博士学位，1913 年赴美，入纽约医院工作，此后长期从事癌瘤诊断相关研究，极大地促进了现代细胞学诊断技术的发展。他发明的涂片染色法使宫颈癌的死亡率下降了 70%。

上手，与美国人莱斯利（Eugenie P.Leslie）合作写了一篇关于细胞学检查方法在早期癌瘤诊断中作用的文章发表在《美国女医师协会杂志》上[①]，并引起了学界的注意。

同胞联谊

在纽约期间，张丽珠虽然忙于学习和工作，但不再像大学那样独来独往，而是经常参加一些社会活动。其实她的性格一直比较外向，只不过抗战时期在日伪统治下才难以发挥，到了美国的广阔天地，很快就活跃起来。她曾经回忆当时的生活：

> 在纽约我就住在哈德逊河边的国际屋，International house，有很多外国人住在那儿，边上有教堂 Riverside Church，所以我常常聚会去做礼拜，就是为了听点音乐。International house 聚了很多从外国来的人，所以我经常到那儿去，他们都有认识的。
>
> 那时候我一个人，我还记得我住的房子。出去买饭吃，那时候叫 Dime store，10 分美金、一毛钱可以买一个饭盒，我不做饭，就买这个饭盒吃。[②]

哥伦比亚大学医学院中国学生很少，但纽约及临近的城市聚集了大量中国留学生，平时大家往来比较多，成立了很多联谊组织，经常聚在一起交流活动。1947 年夏天，张丽珠参加了中国学生基督教协会（Chinese Students Christian Association，CSCA）在纽约附近一个湖边举办的夏令营，

---

① Eugenie P.Leslie，M.D.，and Helen Chang，M.D.，Cytologic Test of Various Body Fluids in Early Diagnosis of Cancer，*Journal of the American Medical Women's Association*，1948，3（6）：236–239。

② 张丽珠访谈，2013 年 1 月 31 日。资料存于采集工程数据库。

图 3-7　1947 年，张丽珠在 CSCA 夏令营

她回忆说：

> 我很喜欢这次活动，又划船，从船上跳到湖里游泳，有歌咏队，我还参加了乒乓球比赛，边上观众有人为我鼓气助威，可是我没有拿到冠军。有时还有国内的时事报告，每天定时祈祷。谁会想到这些组织者都是地下党员呢！①

当时，国内正在进行大规模的战争，国共双方的对立和斗争是全方位的。为了争取战后重建的科技人才，双方在留学生当中也开展了一系列争夺，CSCA 就是在中共领导下的一个外围组织，新中国成立后曾与留美科协一起积极组织留学生回国参加新中国建设。从夏令营回到纽约市内后，张丽珠还多次参加 CSCA 组织的一些学习会，听关于国内的时事报告，由此接触到毛泽东的《新民主主义论》等著作，这些都潜移默化地影响了她

① 张丽珠：留学归国前后。见：全国政协暨北京上海天津福建政协文史资料委员会编,《建国初期留学生归国纪事》。北京：中国文史出版社，1999 年。

对国内局势的认识。后来她才知道，CSCA 的组织者很多是地下党员，比如林达光[①]、陈秀霞、陈晖[②]等。同她一起住在国际屋的中国留学生们经常在大礼堂组织活动，有一次邹德华扮蒋大娘淘粪，背着粪桶翻倒在地，弄得一身臭，以此影射蒋介石，张丽珠认为“他们也真够大胆的”。

英伦两载

就在学业、生活都按部就班、顺利进行的时候，张丽珠突然接到了英国伦敦玛丽居里（Marie Curie）医院的邀请，让她赴该院做研究工作。原来是她所做的癌瘤早期诊断课题引起了对方的注意，而他们也正要开展相关工作，急需人才。而恰好张丽珠也有志于考察英国的社会医疗制度（Socializd Medicine），因此欣然应邀，于 1949 年 4 月启程赴伦敦。

做了一段时间研究之后，张丽珠还是想继续从事临床工作，于是不久就转到伦敦市东部的海克内（Hackney）医院，在著名妇产科医师道兹女士（Miss Gladys Dodds）指导下担任妇产科总住院医师。道兹在当时被公认为是“伦敦最好的妇产科医师之一”[③]。张丽珠深深受益于她丰富的临床经验，多年后还能形象生动地追忆起当时的典型病例，用来给学生讲课：

> 这是发生在 50 多年前的事件，但它却让我终生难忘。1950 年的秋天我还在英国伦敦学习，在医院 24 小时值班。天还没亮，产房来叫我去。有一个 29 岁的初产妇，第二产程延长，其他健康状况良好，血压正常，骨盆测量正常，胎儿不大。在硬膜外麻醉下，阴道检查发现胎头已下降到坐骨棘下，是枕横位。我做了会阴侧切，手转儿头，

① 林达光，原是加拿大人，后来在北京负责中央广播电台的对外广播。

② 陈晖、陈秀霞是夫妇。陈晖后来是华国锋的英文翻译、*China Daily* 的主编。

③ Robert E.Wood & Anthony Wynn，*Pulling Faces*，*Making Noises*：*A Life on Stage*，*Screen & Radio*，Lincoln：iUniverse，2004。

上了产钳。胎儿娩出，立刻大声啼哭，一切都很顺利。我转身过来处理脐带。忽然听到边上的助产士大声呼叫："快看，快看！"。我赶忙回头。原来胎盘已经出来，阴道大出血。我本能地手入阴道，准备搔扒宫腔止血。怎么？有一个大包块在阴道里？是个大肌瘤吧？仍在大量出血，血压急剧下降，患者已近休克。赶紧输液、配血，给上子宫收缩药、催产素止血。不对呀！腹部一摸，子宫已摸不到，这才悟过来。原来这位助产士在子宫没有收缩的情况下，用力压下子宫，想使胎盘娩出，结果造成子宫内翻。这时按照我的认识，立刻将手掌托住子宫向上顶、推送，试几次都不成功。患者处于重度休克状态。我急忙和麻醉科联系，将患者送到手术室，按照重危患者监测。一方面输血、输液，准备开腹手术；一方面打电话请科主任来主持抢救。等待主任过程中我进行了会阴侧切缝合术。约 15 分钟后，主任来到。再次进行阴道复位。几分钟内居然使子宫反转，在腹部可以摸到子宫，复位成功。此时按摩子宫，并给予宫缩药。出血停止，血压逐步回升。我即时向主任请教，她是用什么手法将子宫复位的？原来她并不是按照书中所说的，用手掌拖着宫底向上送，而是用手指捏住近宫颈处，将最后脱出部分最先捏向上方……子宫内翻是很少的并发症，发生在 1/（2000—23000）分娩中，主要和胎盘植入有关。如果阴道复位不成功，应当手术开腹，这就是当时我想做的。要在麻醉科等的集体合作下，手术切开子宫后壁，再将圆韧带逐步向上提。本例经阴道复位成功，是一宝贵经验。复位应争取时间，休克时间增长，将危及生命……①

这样的经历是宝贵的，能学到真本事，因此张丽珠的记忆格外深刻。在积累了大量临床经验后，1950 年 10 月，张丽珠参加英国的国家考试。在实际操作环节，考察了产科的基本功——如何上产钳，虽然早已熟练，但张丽珠做每一步都严谨慎重，决不允许自己有失败的操作。在面试环节，道兹女

① 张丽珠：子宫内翻的诊断和处理。见:《我的医教人生》。北京：北京大学医学出版社，2008 年。

图 3-8　留英期间的张丽珠

士是主考官之一。多年努力终获成效，张丽珠顺利过关，获得英国皇家妇产科学院文凭（Diploma of the Royal College of Obstetricians and Gynaecologists，DRCOG）[①]。通过考试后，张丽珠开始研究子宫收缩力和外阴白斑，搜集妇科病例、产科病例各 50 例，准备参加进一步的文凭考试。

在英国的中国人没有美国那么多。1949 年暑假，张丽珠去剑桥大学参加了留英中国同学会，认识了当时的会长黄新民，但以后再也没见过。在英国的医院里工作，就更见不到中国人了，但张丽珠在伦敦倒也认识了两位后来在北京医学院的同事：眼科大夫李凤鸣[②]和研究中药学的楼之岑[③]，

① 英国皇家妇产科学院（Royal College of Obstetricians and Gynaecologist，RCOG）成立于 1929 年，是世界上历史最悠久的著名妇产科学术权威机构，多年来致力于从妇产科的角度，改善和保护妇女健康，不断地更新知识，制定技术常规，推行完整的考核和质量管理制度，为世界各地培养了无数妇产科的专业人才。通过其第一部分考试的妇产科医生，即可获得在英国做见习医生或住院医师的资格，接受专业培训。而一旦通过英国皇家妇产科学院组织的技能考试，即可获得在英国申请妇产科临床医生的资格。

② 李凤鸣，眼科专家。1941 年毕业于华西协和大学医学院，获医学博士学位。毕业后留校任眼科住院医师、总住院医师、主治医师、讲师。1947 年赴英国伦敦大学皇家眼科研究所留学，并获伦敦眼内科、外科专科学位。1950 年初回国，历任北京医学院第一附属医院眼科副教授、北京医学院第三医院眼科教授、科主任，北京医科大学学术委员会委员、校务委员会委员。

③ 楼之岑（1920–1995），安吉县孝丰北村人，生药学家和药学教育家，中国现代生药学的开拓者之一，中国工程院医药与卫生工程学部首批院士、生药学国家重点学科首席学术带头人，在生药形态组织和中药材品质评价的研究方面，进行了大量开拓性的研究工作，是我国生药形态组织学研究的开拓者和植物药泻下作用生物测定法的开拓者。生于中医世家，1939 年夏考取内迁至贵州的陆军军医学校大学部药科，1942 年毕业留校任助教。1944 年冬，考取英美奖学金留英研究生，1945 年 9 月入伦敦大学药学院学习。1947 年夏，获药学士学位，在校从事生药学研究。1950 年，被伦敦大学医学院授予哲学博士学位，同年获伦敦大学药学院博士学位。1951 年 1 月，只身由海路经香港返回祖国。秋季，受聘到北京医学院药学系执教，组建了该校生药学教研室，先后任生药学教研室主任、副教授、药学系副主任等。

当然这都是后话了。

中国人虽然不多，但对中国医生特关心的英国人却不少，其中就有林巧稚的老师麦克斯韦尔（John Preston Maxwell，1871—1961）。麦克斯韦尔曾长期执教于北京协和医学院，因此对中国颇有感情，对留英的中国医学生也颇为关注。他的女儿在剑桥大学的舞会中发现了张丽珠，随即就通知了他。麦氏于是特地开车来接张丽珠去家中住了几天。

有一次，张丽珠莫名其妙地收到一封信，署名为“Margaret Lee”，说想认识一下、交个朋友。张丽珠认为对方一定是个姓李的中国人，于是及时回信并和她会面，却发现是位金发蓝眼的典型英国小姐。以后两人经常有交往。李很善良，是个虔诚的基督教徒，想感化张丽珠也信教，告诉她要集中精神冥想与上帝接交，但张丽珠做不到。不过她虽不信教，有时也去做礼拜。李还请张丽珠到家中见了其父母，使她在异域感受到不少家庭温暖。

医院的同事间关系也不错。有一位来自波兰的女医生对张丽珠很关心，常主动找她聊天。伦敦的夏天，白昼极长，张丽珠经常在傍晚下班后和来自澳大利亚的医师瑞安（Dr.Ryan）一起打网球。晚年她曾感慨：“可惜那时的照片都被我在“文化大革命”时毁掉了。多么值得回忆的时刻！”①

这些都是张丽珠一直珍惜的，可梁园虽好，终非久恋之乡，尤其是随着新中国与西方国家关系的恶化，张丽珠越来越紧迫地想要回归祖国。

归国之路

张丽珠在英国期间，正是中国国内巨变和国际政治格局激烈变动之时。1949 年 4 月，解放军渡江作战前夕，发生了英国兵舰“紫石英号”与解放军的冲突。刚刚到达英国的张丽珠为了解最新情况，还专程去过中国

① 张丽珠：留学归国前后。见：全国政协暨北京上海天津福建政协文史资料委员会编，《建国初期留学生归国纪事》。北京：中国文史出版社，1999 年。

驻英大使馆几次，认识了一些人，切身感受到中国驻英大使馆内人心惶惶。使馆一位女官员还来医院拜访过张丽珠，但认识的这些人后来也都各奔东西，回国后就没再联系过了。

此后张丽珠虽然“一直集中精力钻研业务，在政治上和社会经验方面还很不成熟”①，但从未停止关注国内局势的发展。就在她参加英国国家考试的时候，1950 年 10 月 25 日，志愿军入朝作战。她周围对新中国不友好的言论和行为越来越多。她回忆当时的情况：

> 后来，下午医生们坐在一起喝茶、看报。我看见报上有些对中国不友好的言论，心中很不自在。有一次看见报上刊登中国兵投降的一张照片，回到自己屋中痛哭了一阵。还有一次晚上看学生表演，将中国扮成一只披着羊皮的恶狼。我想不能再在英国待下去了，说不定哪一天我会被关进集中营。我想念我的祖国，国家不强，人民脸上也无光。其实 1950 年 10 月我已通过国家考试，获得英国皇家妇产科学院文凭，还想深造。②

她的担心不是没有根据的，战争时期将敌国侨民关入集中营的事情在第二次世界大战当中司空见惯。因此她决定尽快回国与上海的家人团聚。

1951 年 6 月，道兹女士邀请张丽珠去另一所医院工作，但她已决意离开英国。但让她意想不到的是，回国的路并不那么好走：

> 我去买船票仍然用的是当年国民党时代的护照，公司的人进去商量了很久，出来对我说“你必须有入境许可证才能够买船票。”我很吃惊，也更生气。难道回自己的祖国还要什么许可证?！那时我的三姐张惠珠已在 50 年底和姐夫王有辉乘货船从美国回到了上海，当时她还怀着身孕，我急忙写信托她帮忙。

---

① 张丽珠：留学归国前后。见：全国政协暨北京上海天津福建政协文史资料委员会编，《建国初期留学生归国纪事》。北京：中国文史出版社，1999 年。

② 同①。本节内容基本上来自该文献。

等待回信的时候，张丽珠忙里偷闲，和朋友们一起去各地增广见闻：

这时 Margaret 的朋友陪我到英国北部湖区（Lake Distrct）游玩，还去了苏格兰的爱丁堡，接着经过英格兰海峡去了法国，还准备从法国再去瑞士，有一天法国地铁大罢工，我走在街上，一个美国兵的 Jeep 车停下来招呼我去搭他的车，我们一路谈着话。他曾去过中国。我的二姐夫是美籍华人，也曾在美国部队服务过。这时我倒觉得美国人还很友好。世界真小，在法国还碰到了一位在美国认识的丹麦女医生。她是我回上海后通过使馆给我送来了礼物和信息的第一个外国人。没有想到在法国突然接到伦敦朋友的电报，催我即回伦敦，因为中国来了电报。我急忙赶回，再次经过英格兰海峡，其实船上及英国口岸有一名警察，他似乎对我特别好，但我很怀疑他是否在监视我的行动。中国官方的电报没有多少字，通知上写的是“欢迎你回国”。这真是一个决定我一生命运的通知。我惊喜新中国办事的高效率，带着胜利得意的眼光购得了回国的船票。

离开英国前，跟师友们的告别是少不了的。麦克斯韦尔正因病手术住院，张丽珠去道别，他还关照到香港可以去找 Gorden King 医生，到北京可以去找 Carti Lin（林巧稚）①。处理完相关事务，张丽珠如期启程，一路归心似箭：

船经过地中海直布罗陀海峡、苏伊士运河、红海、印度洋。第一站是赛得港（Port Said，埃及）。我们几个人上去转了转，找到一个导游，他说要两美元，但最后原来是每人两美元。我在那里的邮局发出的信，没有人接到。一路上所到之处似乎越来越穷的感觉。

一路走来，船上的人越来越少，有些人放弃了回国。尤其是在澳门、

① 林巧稚（1901–1983），医学家。她在胎儿宫内呼吸，女性盆腔疾病、妇科肿瘤、新生儿溶血症等方面的研究做出了贡献，是中国妇产科学的主要开拓者、奠基人之一。

香港，很多人被亲友劝阻，便就地留下了。张丽珠也受到了同样的考验。在澳门吃晚饭时遇到一个刚从上海出来的妇女，她表示奇怪为什么这时候回国。船的终点是香港。张家的亲戚也就是伍汉民的姐姐，还有张丽珠在美国认识的一些医生朋友，都来岸边迎接。伍汉民的姐夫是香港的著名华人，曾任首席议员，在当地影响颇大，最后张丽珠决定住在亲戚家。

亲戚带张丽珠几处赴宴，碰到了一些名流，其中有电影明星胡蝶的丈夫潘有声。他对张丽珠说："像你这样的人，何处不可为家！"。但这句话张丽珠根本没有往心里去，就是想回上海卫乐园 7 号的家。虽然在出国前已父母双亡，按说应该毫无牵挂，但她还是坚定地想要回去。

在香港期间，张丽珠去了香港大学医学院，正好见到了麦克斯韦尔介绍的 Gorden King，还见到了当时的第一个中国人的妇产科主任，同时也是道兹女士的好学生和朋友，并在她带领下参观了玛丽医院及一个下属的产院。

游历一番之后，张丽珠按时乘船去广州，经过珠海，第一次看到小船上飘扬着五星红旗，不禁泪盈眼眶，感叹："亲爱的祖国，我再次回到了你的怀抱！"

踏上故土，她面对的是一个全新的环境，即将开始崭新的事业与人生。

第四章
初入北医

新上海、新生活

1951 年 7 月，张丽珠终于回到了上海，与三姑及三姐一家人团聚。几年不见，换了人间，国内翻天覆地的变化还真让她有点难以适应：

图 4-1　1951 年夏天刚回到上海的张丽珠

（途经广东时）省政府人员接待我，他特别注意询问我有没有带任何无线电设施。这大概是按常规行事，对留学回国人员要怀疑他回国的目的。岂知我却是一个政治上非常单纯的人……刚回到上海的确有些不习惯，看见人们都坐在地上、马路边开会，早晚耳边都有响亮的白毛女歌声广播……同船出国的李莹比我回国早，她来到我家，高谈阔论，说什么要“女娲补天”，年轻人真是雄心壮志。①

的确，新中国创建伊始，万象更新，人们满怀豪情地要建设一个新世界，正如诗人所说：“时间开始了！”虽然政治上、社会上的种种新变化以及各种新名词使人们稍感不适应，但大家还是充满了对美好新生活的憧憬和建设新时代的动力。

图 4-2 1951 年的唐有祺和张丽珠

张丽珠也很快投入到新的生活中去。回国不久，她经人介绍，结识了唐有祺先生。唐先生师从鲍林（Linus Pauling）教授，研究 X 射线晶体学和化学键本质，于 1950 年 5 月在加州理工学院获博士学位，1951 年绕道欧洲回国，8 月份抵达上海。晚年时唐先生仍然清楚记得两人相识的经过：

她姐姐（惠珠）比她大一岁，我知道她姐姐是学化学的，我们在（梅格斯将军号）船上开过会，其实她的名字我那个时候是不知道的，没听说过，因为开会也不一定都认识，可是我在船上是知道她们姐妹俩是在一起的。所以我有这个印象。1951 年回国的时候，我到我的大学同学洪家宝家里去，他夫人叫张万里，是学生化的，在上海的一个大学里跟她姐姐一起教书。我一到他家里，他夫人我是很早就熟的，她就说你回来了，我有个同学姐妹两个也回来了。我就说什么姐妹俩，她说是谁，她当然知道名字了，我不知道。她说她姐姐是学化学

① 张丽珠：留学归国前后。见：全国政协暨北京上海天津福建政协文史资料委员会编，《建国初期留学生归国纪事》。北京：中国文史出版社，1999 年。

的，她妹妹学医的。我说我记得船上有一对姐妹，她姐姐跟我们一起开过会。那个张万里说原来你认识她们，我说原来我不认识，就看到过。所以她就约了她们跟我见面，我们俩就开始交往，我去清华正式上班报到之前，我们俩就已经交往了。后来去她家，就订下来了，我们也没有什么订婚。①

两人确定了关系之后，9 月份唐有祺赴清华大学化学系任教。张丽珠也很快投入到工作中去。自从 1950 年 12 月中央人民政府政务院颁布《关于处理接受美国津贴的文化教育机构及宗教团体的方针的决定》后，母校圣约翰大学就与美国圣公会完全脱离了关系，但仍在维持办学，中国籍的教师们也大多在校留任。在王逸慧教授的安排下，张丽珠到圣约翰大学担任妇产科副教授，并在教学医院同仁医院担任主任医师。此外，她还在王淑贞教授的红房子妇产科医院兼职。王教授的丈夫倪葆春曾担任圣约翰大学医学院的院长。因此大家都比较熟悉，张丽珠自己也说“他们当然对我是比较了解的”②，这有利于她发挥自己的专长，并于此时将子宫下段剖宫产横切口技术首次介绍到国内。

1952 年年初，唐有祺回上海过寒假，两人于 1 月 18 日完婚。婚后总不能就这样两地分居。唐有祺的研究方向比较专门，要找到合适的岗位不容易，而张丽珠的工作相对容易找，最后她决定去北京。她这么

图 4-3　唐有祺和张丽珠的结婚公证书

① 张丽珠、唐有祺访谈，2013 年 5 月 9 日。资料存于采集工程数据库。

② 张丽珠：留学归国前后。见：全国政协暨北京上海天津福建政协文史资料委员会编，《建国初期留学生归国纪事》。北京：中国文史出版社，1999 年。

做，用她自己的话说，当然“不是嫁鸡随鸡，嫁狗随狗，而是主要考虑作为一名医生，走到那里都会有事干”，不过后来她自己也说“当然现在想起来，也许留在上海会对我更有利”①。

北医新来的女教师

1952年初夏，张丽珠辞掉了上海的工作到北京找工作。起初，她准备去协和医学院，于是按照回国前夕麦克斯韦尔的叮嘱去找林巧稚。但到了以后才发现，情况跟自己想象的不大一样。

协和已于1951年1月20日正式被中央人民政府卫生部接收，此时正在大规模地肃清美国势力的影响，一方面是思想改造、深挖美帝在协和的罪行，另一方面结合当时声势浩大的反细菌战活动，批判“三美”（亲美、恐美、崇美）思想。张丽珠到协和的时候，该校正在举办“控诉美帝罪行展览会”：

> 展览会的材料充分说明了美国之所以办协和完全是文化侵略、奴化教育和培养驯服可靠的侵略工具。它使中国人民永远忘记不了这笔血债。②

1952年夏天，全国性的院系调整也正在进行中。张丽珠的母校圣约翰大学医学院被并入新成立的上海第二医学院，圣约翰的校园被转给了华东政法学院。王逸慧老师将上海的私人医院捐给政府，自己则被调往西安的第二陆军医院（即后来的第四军医大学第一附属医院），从此张丽珠就

① 张丽珠：留学归国前后。见：全国政协暨北京上海天津福建政协文史资料委员会编，《建国初期留学生归国纪事》。北京：中国文史出版社，1999年。

② 中医研究院编：《建国以来医药卫生大事记（1949.10–1958.12）》。中医研究院，1959年4月，第13页。

同他失去了联系[①]。协和医学院的教师们也不知道将何去何从，有些人正联系外调，所以张丽珠来得不是时候。在此时的背景下，高级知识分子的使用和岗位，是由政府统一调配的，因此张丽珠就到卫生部去申请工作，并被分配到北京大学医学院附属医院妇产科。

图 4-4　1952 年刚到北京的张丽珠

北京大学医学院可以追溯到成立于 1912 年的国立北京医学专门学校，是中国政府依靠中国自己的力量开办的第一所专门传授西方医学的国立学校。在历史上，它与北大分分合合，张丽珠到该院报到时它仍是北京大学的医学院。但很快，它在院系调整中被独立为北京医学院，并于 1953 年 4 月 13 日启用新印。[②] 其附属医院原为 1916 年成立的北京医学专门学校附属医院，此后随着校名变更而屡次改称，张丽珠报到时是“北京大学医学院附属医院”。1953 年定名为“北京医学院附属医院”。

虽然没有经历建国伊始的思想改造运动，但回国一年来的经历见闻，使得张丽珠在待人接物时更加注意细节。尤其是在北医初来乍到，她处处小心。第一天报到，让她在某份证明文件上签字的时候，院党总支副书记王琦笑着说：“有些留学回国人员往往签的是英文名字。”从此她特别注意，不论是说话还是讲课绝对不漏一个英文字，这对于留学归国人员来说是极为少见的。新到一个陌生的环境里，人总是分外敏感的，多年后，张丽珠还记得：“对一个刚回国的女医生，医院中会有些风声，第一天在医院的甬

① 王逸慧于 1958 年 3 月在一次教学活动中因心肌梗死逝世。

② 罗卓夫、孙敬尧：《北京医科大学的八十年》。北京：北京医科大学、中国协和医科大学联合出版社，1992 年，第 71–72 页。

图 4-5 20 世纪 50 年代张丽珠（后排右 2）、康映蕖（后排左 3）在北医住院部与北医的学生们在一起

道里就碰到了李凤鸣大夫，她过来和我打招呼。"[①]

当时的高级知识分子很少，因此每个人都被使用得很充分。1952 年年底，通过半年的考验期，张丽珠被升为副教授。此时她的主要任务有两个：一是在附属医院妇产科做临床工作；二是给北医的学生上专业课。附属医院的临床工作是繁重的：

> 当时有一个江院长[②]，早上都有周会，大家聚在一堂，就是今天主要的工作在哪。另外我跟康（映蕖）大夫，这六个月你在妇科，那六个月她在妇科。在妇科有很多机会做手术，那时候做了很多手术。[③]

国内有经验的大夫比较少，因此比起国外来，张丽珠有更多的机会去做手术，也因此积累了丰富的临床经验。同时，她在局部解剖学等方面的功力也在临床上显现出来：

> 张丽珠具有坚实的医学理论基础，并在长期的临床实践中积累了丰富的经验。她思想敏锐，并密切注意国际医学的新动向和新发展。在临床实践中十分重视从基础医学中吸取新知识和理论联系实际。她

① 张丽珠：留学归国前后。见：全国政协暨北京上海天津福建政协文史资料委员会编，《建国初期留学生归国纪事》。北京：中国文史出版社，1999 年。

② 江逸，1954-1958 年担任北医附院院长。

③ 张丽珠访谈，2013 年 5 月 9 日。资料存于采集工程数据库。

对待工作一丝不苟，精益求精和勇于克服困难的精神是她所以能在妇产科医疗和科研工作上能持续做出重大成绩的主要原因……她善于分析病情，抓得住重点，处理大胆果断，许多难题在她的手下迎刃而解，难度大的手术都由她主刀，治愈了大量重危患者，并挽救了不少濒临死亡边缘的患者。在手术室里，无影灯下，张教授用她的聪明才智和那双灵巧的手创造了一个又一个奇迹。一例剖宫产后出血不止的患者从晚上到次日中午就是下不了手术台，有人喊来了张教授，只见她凭着早年打下的厚实功底，迅速地缝扎了出血点，手术很快即结束了，那种自信神态和娴熟的技能常使助手们惊叹不已。她具有不同常人的素质、毅力、胆识和远见。①

对于这位出血不止的患者，张丽珠的印象也很深刻。她回忆说：

有一个在手术台上要从晚上待到第二天早上，这出血就没止住，老是压迫止血，就等我来，我一上去就止血了。其实一夹住那个血管就止血了，他不敢夹，因为那里有输尿管。他们就老拿纱布压着止血，从晚上一直到第二天上午，直等到我来，这血立刻就止住了，因为我敢于做这个手术。我会想他不敢担负（责任），怕夹错。②

这件事反映了张丽珠一贯的工作作风：要敢于担风险，如果什么事你都不敢做，那你就没法长进。当然，另一方面这也是需要有扎实的基本训练作为后盾的。

走出手术室，她在讲台上又是一位优秀的教师：

她的课堂讲授效果一直很好，既能从浅显的临床病例引导到深奥的理论，又能把繁杂的理论分清层次，指出重点。那时并没有计算机

① 张丽珠的成长过程。见:《我的医教人生》，北京：北京大学医学出版社，2008 年。

② 张丽珠——神州试管婴儿之母。见：腾讯新闻频道编，《大师访谈录》。长沙：湖南人民出版社，2010 年，第 116 页。

的图像，但她的讲话似乎完全能表达了标点符号和图像。她在讨论会上能即席发表意见，针对不同听众对象进行讲解，说也奇怪，学术会议只要有张丽珠在，会场气氛就活跃。①

当年的一位学生对她的授课印象非常深刻：

> 母亲（谢志敏，北医 1956 年毕业）清楚地记得，当年吴阶平和张丽珠被学生们评为最佳教师，用母亲的话讲，“他们俩口齿清楚，条理清晰，出口成章，没一句废话。”②

课堂上，张丽珠是一位好老师，讲解透彻清晰，在课堂之外她又是学

醫師證書

張麗珠 性別 女
出生 一九二一年一月十五日
籍貫 雲南省

經本部審核與醫師暫行條例第五條第一項資格相符特此發給證書

中央人民政府衛生部
部長
副部長

一九五三年三月 日

醫字第07844號

图 4-6 1953 年，卫生部颁发给张丽珠的医师证书

---

① 张丽珠——神州试管婴儿之母。见：腾讯新闻频道编，《大师访谈录》。长沙：湖南人民出版社，2010 年，第 116 页。

② 余泽民：百年不孤独。《北医》，2012 年 4 月 15 日第 698 期第 4 版。

生们的好朋友，给他们留下了深刻的印象。她回忆说：

> 多少年过去了，最近还有些机会偶尔见到了1955年毕业的北医学生，我52年第一次来北医给他们讲课的。他们回忆我第一次在课堂上露面，说的是“今天我很高兴第一次和你们在课堂上见面”，真有些异国他乡的情趣。还说我穿的是紫色的裙子。那时我和同学的关系很好，和她们一起在操场上打排球。回想起来，那时大家看见我一定觉得有些特别吧，那个时期我居然会被邀请作为55级学生婚礼上的证婚人。①

尽管张丽珠已经很谨小慎微，但生活习惯和工作作风的改变绝非易事，这里的“紫裙子事件”还是使她显得有些与众不同，她自己后来也感叹：“唉，真糟糕！那个年头怎么还穿裙子，又是不红不蓝的。”② 虽然带来了一些困扰，但这些跟繁重的工作比起来，也就不算什么了。

新形势下的新医学

手术与教学工作虽然繁重，可张丽珠凭借扎实的业务功底和勤奋的工作态度依然可以游刃有余地完成。只不过与民国时期及英美的情况相比，新中国成立初期的医疗事业有其独特之处，这是需要张丽珠去努力适应的。

首先是对苏联的学习。在两极对立的冷战格局下，一是由于西方国家的封锁，而是因为意识形态的联盟，新中国的社会主义建设在20世纪50年代曾得到苏联的大力支援，包括院系调整和专业、课程设置都是比照苏

---

① 张丽珠：留学归国前后。见：全国政协暨北京上海天津福建政协文史资料委员会编，《建国初期留学生归国纪事》。北京：中国文史出版社，1999年。

② 张丽珠的成长过程。见：《我的医教人生》，北京：北京大学医学出版社，2008年。

联模式开展。北医从 1953 年下半年开始学习苏联经验。1954 年 7 月全国高等医学教育会议召开后，卫生部确定北京医学院作为学习苏联进行教学改革的重点，并且将所有来华的苏联专家都集中在北医统一安排工作。并且具体规定：①所有来华的苏联专家都集中在北医；②所有从苏联学习回国的留苏人员都分配到北医工作；③凡有苏联专家的专业（教研组），北医都要举办师资进修班，为全国医药院校培养师资。通过进修的学员，将学习苏联的经验带回本校。[①] 到 1957 年 4 月，在北医基础、临床各院系的苏联专家共有 27 位。这些苏联专家在北医开展了大量工作，当时担任北京医学院党总支副书记的彭瑞骢回忆说：

> 五十年代，新中国刚刚建立的时候，这些洋先生们，为我们学校的学科建设和发展做出了贡献，为提高我们的医疗诊断水平打下了基础。同时，他们也为我国医药院校培养了大批师资。在那个物质还匮乏的年代，苏联专家们工作时一丝不苟，与我们北医的教授们密切配合，至今还留有深刻的印象。[②]

不过这是就北医整体而言，当时妇产科并没有派驻苏联专家，张丽珠也表示“从未跟苏联专家打过交道”[③]。但大环境下，学习苏联被上升到了政治高度，成为一种教条，任何人都得有所表示。张丽珠也跟大家一样从头开始学了俄语，虽然她自己讲“没学好”，但还是与同事们一起翻译了一本俄文著作《妇科手术的错误及危险》，于 1957 年油印内部使用。其实即使学好了俄语，也没多少用武之地，张丽珠曾抱怨“图书馆的苏联医学杂志真少，都是英、美的”，这句话后来在“反右”等运动中给她带来了一些麻烦。

此外，当时的大热门是巴甫洛夫学说，什么都用它来解释，不能怀

① 罗卓夫、孙敬尧：《北京医科大学的八十年》，北京医科大学、中国协和医科大学联合出版社，1992 年，第 101 页。

② 彭瑞骢：北医的“洋先生”。《北医》，2011 年 11 月 15 日第 688 期第 4 版。

③ 张丽珠访谈，2013 年 5 月 9 日。资料存于采集工程数据库。

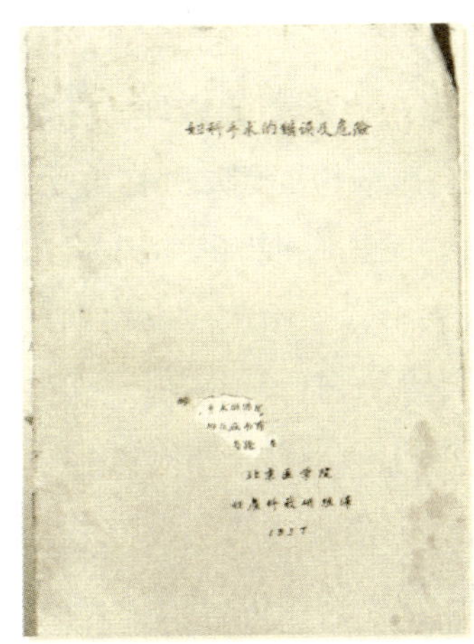

图 4-7 《妇科手术的错误及危险》封面及局部

疑，不能自由讨论。而与此相应，在妇产科当中，得到大力推行的是所谓“无痛分娩法”。在一本传记中，作者通过林巧稚之口说到：

> 无痛分娩是巴甫洛夫学说在医学上的一次成功应用，它对解除妇女分娩产生的精神上的威胁很有效用。我们都承认，孕妇生产受一定程度的精神支配，以前指导孕妇吸气、下沉；在精神上安慰她，不用害怕，一咬牙、一使劲孩子就下来了；也伴随用一些镇静药、麻醉剂，安定情绪，减轻疼痛。实际上，我们已经都在自觉不自觉地使用了巴甫洛夫学说，只是大家没有把过去做过的事进行科学总结。①

当时林巧稚是否做如此想，还需考证。但可以确定的是，当时，推广无痛分娩法也是一件上升到政治高度的事，大家要表态赞同。至于在临床上有多大作用，又另当别论。就像当时教学中强制推行苏联教材，有些内容偏离我国实际，师生们都反映不易理解或行不通，但卫生部还是要求大

① 吴崇其：《林巧稚（修订本）》。福州：福建科学技术出版社，1997 年，第 323 页。

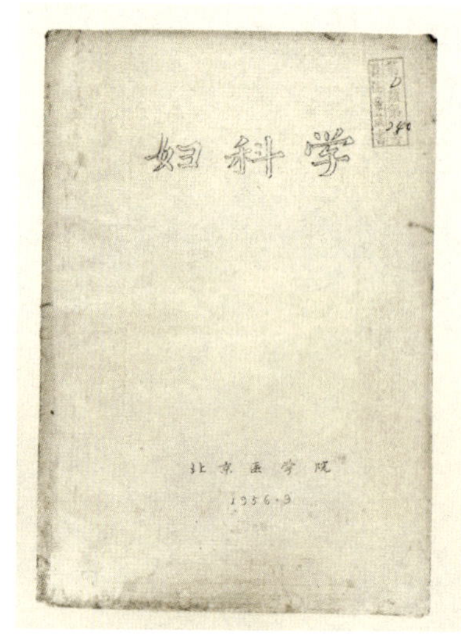

图 4-8 《妇科学》封面

家必须使用。①

好在这件事还有转圜的余地。在学习苏联的同时，政府也提倡加强自主性，鼓励自编教材。民国时期医学院中直接使用国外原版教材，新中国成立初期又翻译引进苏联教材，但“为了提高和保证教学质量，组织编写切合于我国目前高等医药学院实际需要的简明教科书”，卫生部于 1956 年 9 月 24 日发出了《关于高等医药学院教材规划的通知》，提出今后要“根据各门学科的发展和祖国医学科学研究成就”自编教材。②张丽珠和妇产科的同事们走在了前面，她们合作编了一本《妇科学》，于 1956 年 9 月油印内部使用。

这本《妇科学》纳入了少量的中医药知识，这也是当时的时代背景决定的。50 年代中期，原卫生部领导王斌、贺诚因反对中医受到批判，毛泽东等中央领导又多次出面支持中医，因此在当时“发扬祖国医学”的呼声越来越高，中医研究院还举办了多期“西医学习中医”学习班。在此背景下，张丽珠也接触并了解了一些针灸、中药方面的知识，并在此后的工作中有所运用。后来她曾在一次国际论坛上宣讲：

① 罗卓夫、孙敬尧主编的《北京医科大学的八十年》一书对此有详细描述：另一个突出问题是混淆了政治问题与学术问题的界限。在苏联教材中常有在强调批判唯心论、机械唯物论等学术观点时，把学术问题贴上政治标签。比如，把魏斯曼、摩尔根、魏尔啸等人的学说，一概斥之为资产阶级的“伪科学”、“反动理论”，而对巴甫洛夫、米丘林等人的学说，则称之为无产阶级的科学，几乎与辩证唯物主义等同起来，什么都用巴甫洛夫学说解释。这就妨碍了大家独立思考，不能在学术上自由讨论，把大家的思想束缚在一条绳子上，死气沉沉，毫无生气，更谈不上百花齐放，百家争鸣。这不仅违背了党的“双百”。方针，妨碍了党的方针政策的贯彻落实，也压制了广大知识分子发挥自己的聪明才智和学术专长的积极性，阻碍了医学科学的发展。

② 卫生部关于高等医药学院教材规划的通知。见：中华人民共和国卫生部医学教育司编，《医学教育资料汇编（一）》，1958 年 7 月，第 72-76 页。

将中西医结合起来以造就一种新医学的伟大实验一直在进行中。这是毛主席在发展中医的指示中确定的方针。我们的职责是去探索祖先留下的中医药这一伟大宝库。①

但这些在张丽珠的医学活动中都属于枝节，她在这一时期开展的医学研究比如关于妊娠中毒症的研究、关于臀产的研究都是在圣约翰及留学期间所学的知识框架下进行的。而在北医附院期间她最重要的学术工作，是指导研究生刘又天研究“硫酸镁对子宫收缩的影响”。

1955 年仿照苏联培养副博士的办法，北医开始招收研究生，张丽珠成为国内首批妇产科研究生导师之一。刘又天作为她的第一个研究生，对她的教导始终铭记在心：

我是张丽珠老师的第一个研究生，也是北京医学院妇产科的第一个研究生。张老师不仅是我的老师，也是我科研工作的引路人，我们师生情缘极深厚。张老师的工作作风和敬业精神，感染和鼓励着我在医务工作中取得一些微薄贡献。

三年研究生学习期间，对我的一生从事医务工作打下了良好的基础。丽珠老师以“严肃、严格、严谨”的工作作风给我留下极深的印象。在工作上她认真、严肃、一丝不苟；指导我学习，非常严格，每问必究，当我提出问题，张老师总要提出一些理论性的问题，让我再研究，促使我打下牢固的理论基础；在科研、治学态度上十分严谨，不放松任何细节；学习安排上十分周密。在我的研究生学习计划中，首先在选题上确定了解决临床实践中广泛遇到而亟待解决的问题，并且每个阶段定期总结，在临床实践方面也非常注意。由于我是妇产科第一个研究生，受到全科的关心和支持，对疑难和少见患者总是破格优先给我主管诊治。在教学上指导我试讲，安排讲课内容，她亲自观摩考察。所以三年中我在医疗、教学、研究工作都长足进步，研究生

① 张丽珠：*Reminisces of the Past and a Bright Outlook on the Future*。1980 年 5 月 18 日。原文为英文。

学习按时顺利完成。当时北医首届研究生中只有三人按期完成研究生论文，我是其中之一。毕业论文答辩由林巧稚教授主考，严仁英、康映蕖等五位教授参加。论文“硫酸镁对子宫收缩力的影响”受到专家们的好评。随后我被北京市中华妇产科学会邀去对此论文做了报告，并在《中华妇产科杂志》（1959 年第 6 号）发表。在我毕业离开北医以后，工作中见到不曾相识的校友提到我的名字，他们说：“你是张丽珠教授的研究生，我们知道你，张教授在北医研究生交流会上介绍研究生培养经验时谈过你的情况。”①

其实，对于这一选题，张丽珠在英国的时候就已经开始关注了，并准备开展相关工作。对当年指导学生开展这一研究的情景，她的回忆更加偏重学术：

可能是 1956 年在上海有一个国际妇产科学会的开会，我拿着她（刘又天）的论文上去报告，觉得当时没有人做什么这种研究，比如子宫收缩。我从国外带了子宫收缩仪，记录上端的宫缩、下端的宫缩，再加上那时候常常用硫酸镁来治疗高血压。第一篇文章“硫酸镁对于子宫收缩的影响，还是取决于术后对子宫血流的影响”等等，这些文章当时又有研究，又有实际，的确当时还很少，所以我们到那个大会里去做报告，非常引人注意，影响挺好的。既有实验室的工作，又有临床上一些研究工作，所以那时我们在这个事上我觉得也起到一些带头的作用。

我们做的这些工作算是很先进的，比如硫酸镁大家都用（它）治疗高血压，可是有人说用硫酸镁是不是影响宫缩了，没人做研究。等于说我们又是实验，又是分析，又是临床资料，都结合在一起，在那个时候是很先进，没人这么做。②

① 刘又天：我的恩师张丽珠。见：《我的医教人生》。北京：北京大学医学出版社，2008 年。

② 张丽珠——神州试管婴儿之母。见：腾讯新闻频道编，《大师访谈录》。长沙：湖南人民出版社，2010 年，第 118 页。

事实证明，张丽珠对医学进展的把握是敏捷到位的，经她提出的研究课题往往有着广阔的远景，硫酸镁对子宫收缩的影响至今仍是研究热点。

家庭与生活

张丽珠的工作是出色的，无论是临床、教学，还是研究，都做得有声有色，因此 1956 年她被医院评为“先进工作者”。她的节奏是非常紧张的。由于唐有祺 1952 年在院系调整中被调去北大工作，当时全家人都住在北京大学中关园宿舍，张丽珠却要到城里的北大医院去上班。唐有祺回忆说：

> 住在那个中关园宿舍里面，从中关园宿舍到北大医院去要坐公共汽车，要坐 31 路，从中关村坐到西直门，从西直门再倒汽车到医院，她早上要走好多时间，所以就包了一个三轮车……每天拉她到西直门车站，再坐车到医院，每天都这么走。早上出去早，回来吃晚饭也很晚，也很累。可是那个三轮车也有个笑话，那个三轮车夫原来在上海拉过三轮车，认出来她，说：“你是四小姐吧？”①

人生的际遇巧合，也真够让人感慨的了！张丽珠还曾在北京的一次集会上遇到当年的排球教练，教练还问她：“现在还打不打排球？”

当然不打排球了。张丽珠现在忙得连家都顾不上，她后来回忆说：

> 可是我的职业不一样，我是医生，得整天的时间都跟病人在一起，随叫随到。所以那时候我早晨一出门，根本就谈不上什么时候能回家吃饭，到很晚才回来。有时候晚上还要被叫出去，所以我基本上

① 张丽珠访谈，2013 年 5 月 9 日。资料存于采集工程数据库。

不怎么管家。[①]

1953年儿子昭达出生，满月后她就去上班，给孩子喂了一个月就回奶，胀得非常难受。吸取了这一教训，1954年女儿昭华出生后，她立即回奶，以至于女儿没有吃上一口妈妈的奶，后来一直有埋怨情绪。

说起昭达的名字，也是一段佳话。张丽珠回忆说：

> 调到北京后，53年、54年连续生了两个孩子。第一个孩子是个男孩，刚生下来，我就大声宣布，他姓张，小名叫小平，一举平天下嘛！正名为昭达（黄子卿先生帮忙起的名）。[②]

张丽珠之所以要抢这个“先”，还是源于要为父亲争一口气、女儿一样能传宗接代的想法。这是她多年来的执念，现在终于圆满了：

> 我的小孩一出生，我就说他叫张某某，跟我姓张，给他起了名字张昭达。当然我儿子生出儿子时随他的父亲，所以也姓张了。我这张家的姓就传下去了，传宗接代了。（笑）[③]

孩子出生后，张丽珠一如既往地埋头于工作，从不请假。有时候感觉有点不舒服，她就注射庆大霉素将病情控制住，以免耽误公事。当时医学界对庆大霉素的副作用还缺少认识，而且注射前不用像青霉素那样做皮试，因此张丽珠习惯了使用它，最终导致听力受损。[④]因为两个人都忙于工作，只能请两个保姆来照看孩子，后来又请了一个厨师做饭。因此虽然

---

① 《唐有祺　张丽珠》。见：《科学人生：50位中国科学家的风采》，上册。学习出版社，2004年，第152页。

② 张丽珠：学习型家庭。见：《我的医教人生》。北京：北京大学医学出版社，2008年。

③ 北京电视台“世界之约”栏目组：《唐有祺　张丽珠——风雨同舟　伉俪情深》。见：曾涛主编，《世界之约　约定时光记忆的人　科学家：我们时代的明星》。中国广播电视出版社，2004年，第241页。

④ 张丽珠访谈，2013年5月9日。资料存于采集工程数据库。

两人每月能挣 241 块钱，在当时算很多了，却仍然花个精光，以至于有一次还跑回上海借钱度日。有时候想起孩子来，张丽珠是有些遗憾的：

图 4-9　1957 年张丽珠带一双儿女出游

> 跟别人家里是不一样，所以我也常常觉得自己没尽到母亲应尽的责任，我也没享受到许多天伦之乐。有年暑假，正好有一天两个孩子都在家里，我躺在躺椅上，这边看看女儿，那边看看儿子，我觉得非常非常的幸福，但这样的时候也不是很多。①

等到 1958 年转到新创建的北医三院，张丽珠做了妇产科主任，这样的时候就更少了。

---

①《唐有祺　张丽珠》。见:《科学人生：50 位中国科学家的风采》，上册。学习出版社，2004 年，第 152 页。

第五章
参与创建北医三院

创办新医院

北京医学院从北大独立出来后，在政府的统一规划下很快发展起来。1955 年年初，北医在西北郊（今学院路一带）的新校舍第一批工程竣工，从此学校的主体逐渐迁至此处。为配合学校教学并为西北郊一带的原有居民及各高校师生提供医疗服务，北京医学院第三附属医院（简称“三院”）也随之建立起来。作为妇产科的骨干，张丽珠很早就参与到三院的筹建之中。

1956 年张丽珠和北医第一附属医院成形外科朱洪荫教授、职业病科汪有番等医师以及手术室曹韵华护士长等人一起去武汉参观同济医学院新建的附属医院，就是为筹建新的附属医院做准备①。1958 年，三院借用原建工部职工医院开展工作，同时在北医新址积极建设新的医院。张丽珠被任命为妇产科主任，带队到建工部医院全盘负责相关工作。那里原先的妇产科

① 张丽珠：三院建院 40 周年——庆祝会上的讲话（1997 年）。见：《我的医教人生》。北京：北京大学医学出版社，2008 年。

主任兼支部书记陈培元代表全体职工向她们致了热情的欢迎词。

1958 年正值“大跃进”，大家在工作当中热情高涨，但三院的建设却遇到了意想不到的困难。当时在北京有人民大会堂等十大工程要抢建，这是政治任务，建筑公司必须将大部分人力物力投入进去，所以三院房屋建筑的总体工程建完后，就停滞不前了。院长左奇认为不能等，要全院职工靠自己的力量来完成收尾工程[①]。亲历其事的职工回忆说：

> 1958 年 8 月三院门诊楼、病房楼主体工程已完工，但内装修、暖气安装、院内环境等需要人去做，当时北京医学院毕业的大学生、中专生及外地毕业的中专生也陆续分配到新建的北医三院，当时的三院只是个空壳，里面什么都没有。院领导做出一项决定：分配来的大学生、中专生都要参加建院劳动，三院二部[②]同志根据工作需要参加建院劳动。左奇院长一声令下，全体职工积极响应，大家都投入了紧张的建院劳动，年青的大夫、护士们还没当大夫、护士先当泥瓦匠、先当建筑工人，他们有的在钻地下管道安装暖气，有的在整理碎砖烂瓦，他们手上磨出了血泡，肩膀磨肿了，虽然汗流浃背，但他们没叫一声苦，而是干劲十足、情绪饱满。他们用自己的双手，为新的三院增砖添瓦，为三院的开院做准备，对他们来说是毕业后的一次岗前教育。[③]

作为资格老一些的职工，张丽珠等人也和年轻职工一样积极参加了建院劳动。她们在保证门诊、医疗工作正常开展的前提下每周要参加两三次劳动，有的人下了夜班还跑来一部参加建院劳动。张丽珠印象最深的，是和同事们一起在工人师傅指导下修建了病房楼前面的喷水池。这个喷水池很大，里面还养了很多金鱼，周围群树环绕、鲜花盛开，是当年三院的标

---

① 严宝霞：建院劳动培养了坚韧不拔的精神。见：贾建文、侯宽永主编，《北京医科大学第三医院的四十年》。北京：北京医科大学、中国协和医科大学联合出版社，1998 年。

② 即原建工部职工医院，当时将新建的院址称为“一部”。

③ 方德本：三院门前修条路。见：贾建文、侯宽永主编，《北京医科大学第三医院的四十年》。北京：北京医科大学、中国协和医科大学联合出版社，1998 年。

志之一。50 年后，张丽珠还追思到：

> “花儿曾告诉我你是怎样走过，大路知道你心中的每一个角落。”三院的花，三院的路，我们是互相了解的。
>
> 主楼未建成前，在前院的喷水池边，我们和原卫生部长李德全曾一起劳动过。回忆往事，多少滋味在心头。
>
> 现在三院已盖上多个大高楼，在楼前的喷水池不可再见，熟悉的小路已然不通，认识我的小花也被深深埋葬，历史的遗迹已逐渐消失。[①]

伤感之中，包含的是深厚的感情，毕竟，三院的一砖一瓦、一草一木都是在她的见证和参与下成长起来的。

建院初期，三院有病床 440 张，门诊量每天 1000 人次。院内的建筑设计处处为病人着想。95% 的病房是朝南的，并有宽敞明亮的文娱厅和餐厅，且在设计上解决了重危病房安置、避免交叉感染等问题。为了教学需要，还设有可容纳 250 人的阶梯教室、各种专用示教室以及保持手术室无菌条件的看台等。[②] 具体到妇产科，有 100 张病床、15 名医师、30 余名护士。作为科主任和科内唯一具有高级职称的专业人员，张丽珠开展

图 5-1　1983 年，张丽珠（左 2）与同事们在三院喷水池前合影

① 张丽珠:《北医三院建院五十周年——妇产科的发展有感》，未刊稿。

② 北京医学院医史学、保健组织学教研组编,《北京医药卫生史料》。北京出版社，1964 年，第 297 页。

工作的基础就是这样。[①] 搬到新址后，很快迎来了第一例手术，内容是选择性剖腹产，产妇是大家的同事——三院第一任护理部主任钱玉钧。

就在张丽珠埋头建设、准备大干一场的时候，瞬息万变的政治形势却给了她当头一棒。1957 年的“反右”运动当中，张丽珠就受到一些攻击，好在没被划成“右派”，躲过一劫。1958 年 3 月，中共中央发出《关于开展反浪费反保守运动的指示》，北医积极响应，在全院以“大鸣大放大争大辩大字报”的形式开展“双反交心”运动。随后又有所谓“红专大辩论”，将“红”和“专”对立起来，把钻研科研业务当成“走白专道路”加以批判。与这些运动一起，还有肆虐一时的“拔白旗”，极大地挫伤了知识分子的积极性。

向来专心业务、又曾出洋留学的张丽珠自然被有些群众贴上了“白专”、“白旗”的标签。虽然她并不在上级指定的“白旗”名单之中，但运动之中激情高涨的群众是不会考虑这些的，很快，三院食堂里就贴满了大字报，其中不少是攻击她的。早年参加革命时做过医务工作的老干部、党委书记兼三院院长很严肃地找她谈话，说：“张大夫，叫你到三院当主任，可不是让你骑在人民头上的呀！”这是一个下马威，担心喝过洋墨水的知识分子翘尾巴、不服管教。毕竟由于经历迥异，当时党委和行政方面的领导与留学归来的知识分子之间有着很深的隔阂。

但事实上张丽珠并没有“高高在上”，除了参加建院劳动，对院里组织的一些其他活动，只要不影响本职工作，她都积极参加。

内分泌研究与计划生育

三院建院初期，张丽珠在妇产科推动的几项工作，都是结合当时的形势需要和社会需求开展的。

---

① 妇产科集体执笔：各科发展史－妇产科。见：贾建文、侯宽永主编，《北京医科大学第三医院的四十年》。北京：北京医科大学、中国协和医科大学联合出版社，1998 年。

1958年8月初开始，北京市开展子宫颈癌普查。林巧稚总结过当时的工作情况：

> 我们的工作方法主要是通过共产主义的大协作，依靠群众，走群众路线。七月里在党的领导下组成了防癌普查核心，核心成员包括中国医学科学院、北京协和医院妇产科、北医附属医院妇产科、北京人民医院妇产科、中苏友谊医院妇产科、同仁医院妇产科和妇幼保健实验院，通过北京市公共卫生局发动全市各医疗机构，各妇幼保健所等参加此项工作，全市10万人口分做五片进行，每片约2万人口，30—60岁的妇女共计14000余人。
>
> 正式开始工作以前，个别地段先进行了试点工作，训练参加普查队伍的干部，并摸得一定的经验，为正式工作做好充分的准备。然后通过与街道办事处联系，和妇联联系，共同来组织发动群众积极参加检查。在各居民委员会广泛召开群众大会、小片会，进行防癌宣传，对思想保守的妇女进行个别谈话，对家务繁忙的妇女，深入家庭进行检查，为干部星期日和晚上开设门诊，并通信约请，给予一切的方便和照顾，三周来大家分工合作，情绪饱满，白天组织劳动和检查，夜晚宣传和统计、总结每日工作的情况，我们辛勤劳动的目标只有一个，为争取更多的妇女参加普查，为制服癌瘤贡献自己的力量。①

同样是做早期癌瘤的诊断工作，国内这种大规模运动的作风与国外实验室里的研究工作风格迥异，但张丽珠在这里更有用武之地。通过在纪念斯隆－凯特琳研究所时期的研究，她知道子宫颈癌如果早期发现早期治疗，其治愈率可以达到75%以上，因此她对这项普查是非常欢迎和支持的，不仅参与普查工作，并且将工作常态化，在三院妇产科建立了子宫颈疾病专业门诊，通过子宫颈刮片细胞学检查、阴道镜检查开展子宫颈癌早

① 林巧稚：为制服子宫颈癌而奋斗的第一步——走出医院大门深入地段开展普查。见：全国医药卫生技术革命经验交流大会秘书处编，《全国医药卫生技术革命经验交流大会汇刊》。北京：人民卫生出版社，1958年，第326-329页。

期诊断。

虽然开展了相关工作，但三院妇产科的工作重心并不在癌瘤诊断方面。因为当时政府给三院的定位是除担负临床教学任务外，主要负责海淀区的医疗工作，平时就诊者以年轻的教师和学生为主，并不是癌瘤的易发人群。但很快，妇产科就遇到了新的情况。1960 年，八大学院大批女生闭经，连市卫生局长都惊动了，亲来视察。解决这一问题的担子就压到了张丽珠身上。她回忆说：

> 因为我是医生，病人有问题，我们就要为他们解决。1958 年我到北医三院，大批女学生都闭经，将来都生不出来孩子怎么办，所以我们就着手来调查这个原因，发现并不是卵巢自身问题，而是因为 60 年代吃的也不够，营养不够，体力劳动太重，这是由于环境的改变，由于营养的缺乏，就是通过大脑、下丘脑－垂体轴，影响到卵巢。这个时期过去后，这些女学生的月经也恢复了，我们也知道了原因，同时有了一些经验，并建立了一些生殖内分泌的基础。①

科研任务带动学科研究的发展是新中国科技发展的重要特色之一。通过解决闭经问题，张丽珠在三院妇产科优先建立了生殖内分泌测定实验室，开始学习放射免疫测定和雌、孕激素受体测定等新方法并将其用于临床，其间曾得到中国科学院动物研究所张致一先生的帮助和指导。从此，她将研究的重点从妇科肿瘤转到生殖内分泌方面，这下她在约翰霍普金斯进修的课程又派上了用场。

研究当中得到了很多同事的帮助。张丽珠一直记得护理部钱玉钧主任：

> 记得他们家里是做电影片子的，他还帮我做了很多彩色幻灯片，在那个年代是不可多得的。我们 1962 年去上海参加全国妇产科学术会

① 张丽珠——神州试管婴儿之母。见：腾讯新闻频道编，《大师访谈录》。长沙：湖南人民出版社，2010 年。

议，报告“输卵管结扎术后的卵巢功能”[①]，就是用这些幻灯片，受到了热烈欢迎及好评。[②]

对输卵管结扎术后卵巢功能的研究也是一个有价值的题目，现今已扩展为各种卵巢功能异常的研究。张丽珠之所以做这个题目，除了对生殖内分泌的关注外，还因为她很早就开始关注计划生育的问题。

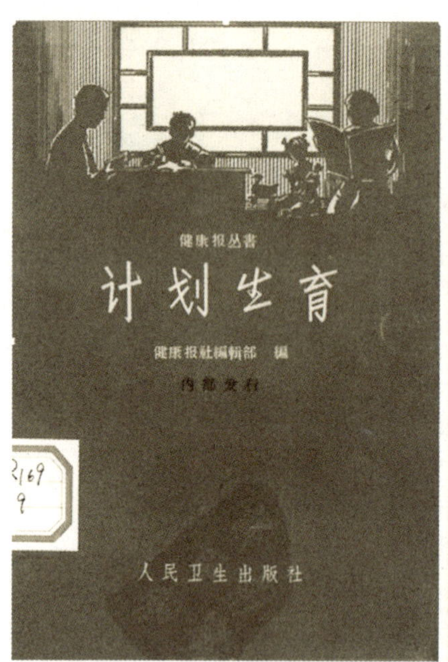

二、多产对妇女健康的影响

张丽珠

从医学观点来看，妇女结婚、生孩子是个自然的过程。母体在妊娠期和分娩期要经受一系列复杂的生理性改变。一般说来，这种改变在产后都能逐渐复原，对健康无害；但如怀孕过密，产次过多，这些改变也可以留下缺陷，影响身体健康。下面就从妊娠期和分娩期母体的变化，谈谈多产对妇女健康的不良影响。

妊娠期最显著的变化是生殖系统。子宫原是骨盆腔内的器官，到了妊娠后期，其底部可高达腹部剑突下，其容量要比原来的增加五百多倍，重量由三十克增加到一千克左右。子宫增大是由于子宫肌肉纤维的增殖及增生，后半期又由于子宫内胎儿、胎盘和羊水的压力而扩张。随着子宫的增大，其中血管亦会增多和增大，血循环增加，盆腔内组织变松变软，子宫周围的韧带也变长变粗。妊娠期子宫内膜还会变厚，发生水肿，基质细胞变大，形成蜕膜，成为胎盘组成的一部分。妊娠期子宫颈的纤维组织增生，颈管粘膜增殖，在一部分孕妇中还会出现鳞状上皮基底细胞增殖过分活跃，类似癌前期病变的现象。

以上所述妊娠期子宫的变化，多在产褥期复旧。届时子宫肌肉纤维发生自溶作用而缩小；子宫的大血管内发生血栓，血栓的玻璃样化可持续数年之久，而后逐渐为纤维组织所代替，其间又有小血管形成；蜕膜从恶露排出，剩下薄薄一层基

图 5-2 《健康报》社汇编的《计划生育》一书书影及所收张丽珠文章（首页）

对于计划生育，张丽珠的出发点主要是从女性身体健康考虑，认为不宜过多过频生育。这在当时是妇产科学界和卫生部门很多人的共识，但国家政策却是鼓励生育的。在患者健康与政策导向之间，张丽珠还是选择了前者。早在北医一院工作期间，张丽珠就感受到了这种冲突：

① 周羡梅、张丽珠：输卵管结扎术后卵巢功能的探讨。《中华妇产科杂志》，1964 年第 10 期，第 349-351 页。

② 张丽珠：三院建院 40 周年——庆祝会上的讲话（1997 年）。见：《我的医教人生》。北京：北京大学医学出版社，2008 年。

管产科时有一位本院女医生因骨盆狭窄，第一次做了剖宫产，这次还得做。按照一般医学规定，两次剖宫产后不宜再怀孕，怕引起子宫破裂，故她（指张丽珠）来到床边解释。没想到第二天支部书记即来找，谈话的内容是："现在正在学习苏联，提倡多生多育做英雄母亲呢，怎能让人绝育？"①

虽然碰过这种钉子，但张丽珠并没有改变自己的认识。1962 年她还专门写了一篇文章讨论多产对妇女健康的危害，发表在《健康报》上②，并被收入次年由《健康报》社汇编的《计划生育》一书，在卫生界产生了一定影响。

学习型家庭

到三院工作之后，虽然还是一如既往地忙于工作，但好在离家近了些，张丽珠可以少些奔波之苦。家里的生活按部就班、条理分明。虽然不时有外界干扰，唐有祺的研究工作也一直在推进当中。两人都忙于工作，张丽珠曾不无感激地说：

（我的丈夫）从未要求我离开工作岗位（去照顾家里），因为国家的社会主义建设需要我们这样受过训练的人。朋友们有时会开他的玩笑："不要跟助产士结婚，因为她会在午夜外出（Never marry a midwife，for she will be called away at midnight）。"③

---

① 张丽珠的成长过程。见：《我的医教人生》。北京：北京大学医学出版社，2008 年。

② 张丽珠：多产对妇女健康的影响。《健康报》，1962 年 8 月 8 日。

③ 张丽珠：*Reminisces of the Past and a Bright Outlook on the Future*。1980 年 5 月 18 日。原文为英文。参见本书附录。

一双儿女渐渐长大，陆续开始上学。在孩子们心中，父母永远是繁忙的，但这种繁忙并不影响他们对孩子教育的质量。昭华回忆道：

我成长的环境的确和别人不太一样，不像一般的家庭妈妈在家的时间比较多。我妈妈经常不在家，早出晚归。家务事她的确管不了。而我父亲相对来讲，在家时间多一些。他有时间就在家写书，几乎天天熬夜。不过看到他在家的时候比看到妈妈的时候多。即使如此我仍然记得小时候，我已经睡觉了，妈妈很晚回到家里还要检查我的铅笔盒，把我的铅笔都削得很尖。我那时上小学，每次一开铅笔盒，个个铅笔都削得很尖，同学看到很羡慕。虽然平时爸爸可能陪我去买衣服的时候较多，放假的时候，妈妈也会带我去裁缝店做衣服。妈妈总是力所能及地关心我们。①

虽然在家的时候不多，但张丽珠对孩子的爱与关注一点都不少，并通过实际行动表达给孩子们，这种言传身教的效果是很好的。张丽珠回忆说：

尽管工作很忙，我对孩子还是有教育的，也不是那种口头上的教育，因为有些话有些事情能让他们印象深刻。比如我女儿在小学念书的时候，有一篇文章就得到奖，内容好像是“我的妈妈又被叫出去看急诊了，我是多么想和她多待一些时候”。我儿子小的时候乒乓球打得特别好，暑假他就到一个地方去参加集训。有一天他忽然回来了，因为他在打乒乓球的人里头年纪最小，他说他待在那儿实在难过，所以就自己一个人跑回来了。我就说你怎么这么不守纪律，也不跟领导说一下你就擅自回来，这样真不好。②

对于这件事，昭达也记忆非常深刻：

---

① 唐昭华访谈，2014 年 1 月 2 日。资料存于采集工程数据库。

② 《唐有祺　张丽珠》。见：《科学人生：50 位中国科学家的风采》，上册。学习出版社，2004 年，第 152 页。

我在小学时很喜欢打乒乓球并在海淀少年之家（体校）参加训练，经常参加体校间的比赛。在小学五年级时，邱钟惠看了我在工人体育馆和什刹海体育馆打的两场比赛后，就选我参加暑假在先农坛（北京队所在地）的集训。集训的目的是培养和选拔专业运动员，有男女各15人，年龄从初三到五年级，只有我是郊区的。应该说北京市体委很重视这次集训，由原国家队队员任教练，活动安排也非常丰富。庄则栋第一天晚上就来和我们座谈，介绍经验。但集训的管理特别严格，从早上五点起床到晚上睡觉，没有一点自由活动时间。我在海淀少年之家算是打得最好的，来到集训班后只能排在中下游了。这是第一次离家过集体生活，又和一位同学关系不融洽。加上打球对我来说只是爱好，还没下决心做专业运动员。所以集训了只有十天，我就不想干了。尽管几位著名的教练分别找我谈了话，我还是很任性。他们只好让海淀少年之家的教练把我接回了家。我原以为妈妈见到我会高兴，没想到她很严厉地批评了我。这次教训让我铭记在心，以后无论是上山下乡或学习工作中遇到困难都能够坚持下去了。①

这次的教训，昭达永远铭记在心。后来“文化大革命”当中，他被下放到北大荒。刚去的第一年那里条件非常艰苦，知青们纷纷回到北京。他写信给张丽珠说：“我永远记得妈妈对我的教训，我永远不会做逃兵。”

图 5-3　20 世纪 60 年代，邱钟惠在指导昭达打乒乓球

说起自己家庭的特色，张丽珠是很自豪的：

我认为，我家这两代人生活的主旋律可能是放

① 引自张昭达先生 2014 年 11 月 17 日写给笔者的邮件。

在学习上的，而且我们有一个重要的人生理念可能就是“知识就是力量”。我相信，我们这个社会这样的家庭不少，比过去要多得多，而且一定还会越来越多，越来越完善。①

当然，主旋律放在学习上，并不意味着一味埋头书山学海。一家人的生活在当时来说是很前卫的，唐有祺和张丽珠都保留了一些留学时期的生活作风，只要一有假期，就带着孩子出去度假。他们回忆说：

唐有祺：确实这样。那个时候物价比较便宜，生活水平也低。另外我们虽然自费出去旅行，但还是占了制度的光的。到杭州，或大连，学校就给我们写介绍信，住在公家的招待所，一天花不了多少钱。吃顿饭大概几角钱，小孩子还吃不完。

张丽珠：另外，星期天老是到颐和园去游泳。我们挺喜欢玩，特别是与孩子一起玩。虽然我们工作都很紧张，但全家一起玩要比留在家中休息还容易消除疲劳。的确，回想起来带着小孩到那儿去游泳，别人家的小孩知道了，有跑到我们家来想跟我们一起去的。②

图 5-4　1963 年《人民画报》封面上的唐昭华

说到游泳，还有一件轶事。1963 年夏天，有一次全家到颐和园游泳、划船，正好碰到著名摄影师敖恩洪，他为昭华抓拍了一张照片。这张照片

① 张丽珠：学习型家庭。见:《我的医教人生》。北京：北京大学医学出版社，2008 年。

② 北京电视台“世界之约”栏目组：唐有祺　张丽珠——风雨同舟　伉俪情深。见：曾涛主编,《世界之约　约定时光记忆的人　科学家：我们时代的明星》。中国广播电视出版社，2004 年，第 244 页。

被登上《人民画报》的封面，成为一个象征，代表着“生在新中国、长在红旗下”的一代新人的幸福生活。

服务农村

由于工作太忙，张丽珠跟家人在一起的时光总是快乐而短暂的。到1965年，情况又有了新的变化。2月底，根据毛泽东的一些指示，中共中央下发《关于组织高级医务人员下农村和为农村培养医生问题的批示》。6月26日，毛泽东关于卫生工作的批判被传达给卫生部，是为“六二六指示”。此后，全国上下迅速掀起下农村巡回医疗和为农村培养卫生人员的高潮。

图 5-5　1964 年的张丽珠

张丽珠作为北医三院通县巡回医疗队队员，去马头公社为农民群众服务，并为赤脚医生讲课。这是她首次深入农村，受到极大的震撼，感受颇多。四个多月后，她写了一篇文章表达自己所见所思，这篇文章发表在《人民日报》上，在当时的高级知识分子中间产生了一定的影响①，值得今天的人们认真读一读。

不了解农民就不能为农民服务②

四个多月来，我亲眼看到了农民生活和劳动的情况，在思想感情上与贫下中农接近了一步。今后，我要更加兢兢业业，努力实践，努

① 梁漱溟在 1966 年 1 月 24 日的日记中写道：“阅张丽珠文章（见《人民日报》）。”

② 张丽珠：不了解农民就不能为农民服务。《人民日报》，1966 年 1 月 23 日第 2 版。

力改造自己，做到思想过硬，技术过硬。

真正下到了农村

我从小长在大城市，多年来习惯了大城市舒适的生活。偶尔去一下农村，也只是走马观花。只有这一次才算真正下到了农村。从去年八月底到现在已有四个多月了。

刚下来的时候，我住在土房子里，睡硬炕，点菜油灯，吃派饭，就好像进入了另外一个世界。和贫下中农的接触也很不自然。工作上有些看来很简单的事我也做不好，比如有一次我在病家打针，在打开注射用的水安瓿时没有工具，就用了一把大粗刀柄一打，结果将一个安瓿打得粉碎，注射用水也糟蹋掉了。经过这样几件事情以后，我感到我过去的工作和生活条件离农村太远了，怎么谈得上为农民服务呢？于是我下决心学会做这些事，并且学会做一些简易的针灸。

闯过了一个难关

到农村来后，我的心情一直很紧张，最担心的是说不定那一天有人突然找我去抢救难产，在农村这样简陋的条件下，我该怎么办？担心的事终于发生了。去年十一月底觅子店公社医疗队找我去抢救一个四十二岁的产妇。她是第八胎，臀位难产，经过我仔细检查，需要作剖腹产手术。我告诉家属需要把产妇送到通县医院去做手术，他表示有困难，要求尽量争取在家中接生。在这种情况下，怎么办？难道能够眼看着产妇母子双双死去吗？我想无论如何应当想办法抢救。考验我的时候已经到来，我要稳得住，全面仔细考虑问题。于是我一方面打电话让卫生院来人送静脉点滴瓶，一方面鼓励产妇向下用力，自己动手进行抢救。经过一场紧张的动作，依靠我熟练的技术和为农民服务的心，使婴儿分娩出来，产妇大出血和婴儿窒息，也都顺利地进行了处理，终于保全了母子两人的生命。这时，虽然我疲劳不堪，我的棉袄袖子和棉鞋都被鲜血湿透了，但是心里特别高兴，因为我闯过了一个难关，我的技术能够在简陋的农村条件下为贫下中农服务了！

在这四个多月里，我们还作了一些子宫全切除之类的大手术。每次，医疗队的同志，不管是那一科的，只要手术需要，都主动当我的助手，使我能够在同志的关怀和帮助下完成手术任务。而且手术以后，大家一定让我去睡觉，主动帮助我照顾病人。这些都给了我极大的支持和安慰，使我深深地感到在我们伟大的祖国，我们虽然来自五湖四海，各有不同的工作岗位，但在同一个革命旗帜下都能够紧紧地团结起来，互相帮助，互相鼓舞，更好地为人民服务。

在教学和培训的过程中，我的心情也不是很平静的。半农半医班的学生，有初中的、小学的，程度不一，而且很多人已参加劳动多年。这样的学生我从未教过，下定决心要讲得通俗些，一定要对他们耐心，因此在上课时讲了一遍又一遍，问了一遍又一遍，有时下了课还讲，但是有个别的同学仍然不能领会。我想："怎么让我教这样的学生？""这样的人能当大队医生么？"以后他们的实际行动教育了我，我才感到自己原来的看法错了。

努力改造自己

总之，四个多月生活和工作在农村，我感到过苦，遇到过困难，有过烦闷急躁情绪，有时也想退缩。但是，党的光辉始终照耀着我，我时常记着我是响应党的号召下来的，我要锻炼自己更好地为贫下中农服务。四个多月来，我们治好了一些病，老乡当着我们的面说了多少热情的话，如"你们来了，少祸害多少人呢！""以前我再花多少钱也请不到这样好的大夫。"我们说，"这是我们应当做的"，"这是毛主席叫我们做的"。我们说的话很少，但通过我们的实际工作，密切了党和群众的关系。我体会到我们医务工作者也是政治工作者，干医务工作也是干革命。我们做的太不够了！

四个多月来，我初步了解了农村的生活，在思想感情上与贫下中农接近了一步，认识到过去我们在医疗、教学、科学研究上有很多是不符合广大农村实际的。在工作上也是得到不少锻炼，过去习惯于大医院科主任的工作，分工明确，条件好，层层负责，有所依靠，高高在上，指指点点。现在是住院医师、护理工作都需要亲自动手，进一步体会到他们的劳动是很可贵的。

今后，我要更加兢兢业业，虚心学习，努力实践，努力改造自己，做到思想过得硬，技术过得硬，更好地完成党交给医疗队的任务。

从字里行间，我们可以看到，张丽珠的思考与认识都是非常真诚的，绝不同于一般表决心的政治套话。她是决心以一腔赤诚去了解农村、了解农民，并以精湛的医术为他们解决实际问题。但我们也可以看到，与城市相比，农村长期缺医少药，环境太差，她的很多医疗手段的确无法施展。但就是在这样艰难简陋的条件下，她仍然尽自己所能，不避艰险，做了一些大手术。

她在通州医疗队时期所做的两例手术至今为人津津乐道。一例是在马驹桥为一位长年卧床的老大娘切除重达数十斤的卵巢肿瘤，患者术后可下地活动，乡亲们敲锣打鼓来为她庆功。另一例是在麦庄，有一位患者十多年前难产落下了阴道膀胱瘘，长年漏尿，一年到头穿着尿湿的裤子，夏天臊臭，冬天冰冷，丈夫和家人不许她上炕，她只能睡在草堆里，痛苦难言，祈求张丽珠为她做手术。张丽珠认为怎么样也该试一试，就在既没有无影灯，又缺乏手术器械的条件下进行了修补，使患者恢复了健康，回到了温暖的家中。①

张丽珠有一次遇到一个农民家的母猪难产。母猪和猪崽儿都是重要的收入来源，农家自然心急如火。张丽珠赶去，她挽袖而上，凭借着丰富的妇产科方面的经验，给母猪接生。经过一阵紧张的工作，终于使母猪顺利产仔，大小平安，传为佳话。张丽珠以后每次到这个村，就被村民们亲切地称为“猪大夫”。她就是这样脚踏实地尽其所能地为农民服务。②张丽珠自己回忆当时的情景，坦然地说：

在我们那个年代的医生，工作和生活条件都是比较差的，政治上还容易受到无端的挑剔，但是我们从病人那里得到安慰，从治疗效果中得到满足。回忆起那时在产房里，在手术室里抢救的大场面，我总是走在前面，带头干活。我认为做一名医生不但要具备扎实的功底，

① 张丽珠的成长过程。见：《我的医教人生》。北京：北京大学医学出版社，2008年。

② 据唐昭华女士回忆整理。

还要敢于担当风险，对危重病人不能回避。只有这样，医疗工作才能提高和发展，个人才会不断成长进步。①

就在她逐渐适应农村环境，并在工作中实现自我价值的时候，“文化大革命”爆发了。

① 据唐昭华女士回忆整理。

第六章
“文化大革命”岁月

做杂务的医生

1966 年是一个令无数知识分子刻骨铭心的年份。即便他们在之前已经饱受历次运动的“洗礼”，这一年还是让他们痛苦地认识到自己之前的天真。

5 月 16 日，中共中央发布了毛泽东主持制定的重要文件，即后来通称的“五一六通知”，这标志着“文化大革命”的大幕正式拉开。通知要求：“全党必须遵照毛泽东同志的指示，高举无产阶级文化革命的大旗，彻底揭露那批反党反社会主义的所谓“学术权威”的资产阶级反动立场，彻底批判学术界、教育界、新闻界、文艺界、出版界的资产阶级反动思想，夺取在这些文化领域中的领导权。而要做到这一点，必须同时批判混进党里、政府里、军队里和文化领域的各界里的资产阶级代表人物，清洗这些人，有些则要调动他们的职务。尤其不能信用这些人去做领导文化革命的工作，而过去和现在确有很多人是在做这种工作，这是异常危险的。”

8 月 8 日，中共中央八届十一中全会通过了《中国共产党中央委员会关于无产阶级文化大革命的决定》，详细说明了“文化大革命”的性质、任务与方法，明确指出“当前，我们的目的是斗垮走资本主义道路的当权派，批判资产阶级反动的学术权威”。

这两个文件是指导“文化大革命”的权威文件。5 月 25 日，北京大学哲学系党总支书记聂元梓等人在北大以大字报的形式向学校领导发难，由此开始了高校造反派夺取学校控制权的过程。6 月 2 日，《人民日报》发表了北京大学的“全国第一张马列主义的大字报”，并迅速在全国蔓延开来。6 月 13 日，北医出现了第一张大字报，指责院党委执行了一条“反革命修正主义路线”，党委负责人为“黑帮”、“反革命修正主义分子”。由此全院很快掀起批判“资产阶级反动路线”、揪斗“走资派”、“横扫一切牛鬼蛇神”、“破四旧”的风暴[①]。院党、政领导一个个被揪斗；学校党政机构全部瘫痪。“革命造反派”组织纷纷成立，各自为战，“停课闹革命”。不同派系的“造反派”横行无忌又互相攻击，一片混乱。1967 年 1 月，北医“造反派”分裂成两派，互相攻击、互相揪斗。

当时三院虽然是医疗机构，可内部秩序也是一片混乱，尤其是经常遭到“红卫兵小将”们的冲击，闹出不少奇闻逸事，这里摘取两则张丽珠同事的回忆。

“早请示晚汇报”

在“文化大革命”汹涌澎湃的大潮中，我们三院也卷入了当时风行全国的“早请示晚汇报”的漩涡中。那时除每周三、六下午安排学习外，每天早上要先向毛主席“请示”后才开始工作。下班后也不回家，等着开会学习至八点半左右结束，是为“晚汇报”。那时上班以外的时间都让文山会海所占，谁也没想过应干些什么私事？更没听说过“休闲”一词。我们科每晨则是集中在候诊厅里，面对毛主席像，排成排，右手举起红宝书（毛主席语录）一边有节奏地摇着一边齐声高呼“毛主席万寿无疆”、“× × × × 永远健康”。然后由一人挑头“东方红，一、二”，于是大家一

① 罗卓夫、孙敬尧:《北京医科大学的八十年》。北京：北京医科大学、中国协和医科大学联合出版社，1998 年，第 195-196 页。

起合唱起来，歌声也还动听。当时首都各高校有工人宣传队进驻帮助搞革命，三院也有工宣队来掺沙子，来我科作领导的是一位身材瘦小的大姐，她大约四十来岁，每次她站在队列前面，带头背或念语录，她说一句，大家跟一句，也许是文化水平所限，她只会那么几段，复杂的语录念不下来，有时她念了白字大家跟读时主动把字正了过来，并没有人觉得奇怪，让这样一位老实巴交的大姐，站在这么多知识分子面前也真够难为她的。早请示结束后大家才开始工作？有早来的病人，他们自动地闪在一边，等我们唱完念完后才进入诊室。下午下班后大家再次集中起来，念语录和最新指示，读批判文章，接着谈认识和体会，经常有一段沉默时间，偶尔读到一些题外话，人们则立即兴奋起来，你言我语活跃一阵，但很快就被头脑敏锐的主持人发现走题，立即引入正道，则又安静下来，慢慢耗到结束，反正明晚照旧。如有最新指示发表，大家就得集合，列队到北医操场游行、欢呼，晚上好不热闹。当时我住北医二号楼三层的一间房子，还没小孩，所以开会、游行对我影响不大，我还体会不到别人家住外面或有小不点儿的是怎么安排这一切的。我只知道 1969 年初，我挺着大肚子依旧白天上班，晚上学习。直至 4 月 21 日晚汇报后，我九点左右回到二号楼，当时肚子一阵紧缩痛了起来，而且越来越重，我预感要出事，不巧我家先生出差在外，找谁帮忙呀，当时我情急生智，默念着语录："下定决心，排除万难，去争取胜利"，趁着阵痛还不算太紧，冲出房间，忍着疼痛，匆匆又返回三院进了产科？值班人员一边埋怨我为什么不早点来，一边麻利地做着准备，在待产室床上还没躺热就又直奔产床，4 月 22 日不到凌晨 1 时，就瓜熟蒂落，结束战斗了，说真的，没受太多折磨。在产科我一共住了九天，直至先生返京我才回到二号楼。

"为什么毛主席只有一只耳朵？"

在"文化大革命"那天翻地覆的日子里，经常有新鲜事发生。一天下午，一群北医附中的红卫兵闯入我科门诊，挨门观察诊室四壁之后，大声呵斥："为什么房间里不挂毛主席像"？在场的医护人员无言以对，因为上级从来没要求过，谁也不知道诊室需挂毛主席像。最后，一个男学生下了通牒："明天我们还要来查，如不挂上，到时可不客气。"次日上午我和另一位同志匆匆赶赴新华书店买主席像，正好有货，于是便买了一沓回来。接着就是布置，凡是房间均贴上主席像，只是消毒室怎么办？每天上、下午两次消毒，汽门一开，蒸汽四溢，屋里伸手难辨五指，满墙水气，墙皮剥脱，让毛主席他老人家在此被熏蒸，受这般待遇太不合适，但谁又不敢不挂毛主席像呢。大家已领教了在三院东门口红卫兵给不顺眼的医护人员剪阴阳头的厉害，也目睹过小操场开批判会时护校红卫兵把李钊、单宏宽大夫叫起来厉声斥责的威风。谁敢惹他们？于是我们毫不犹豫地在所有房间挂上了毛主席像。红卫兵们按时来做检查了，我们已按要求全挂上了，应该没问题吧。突然，一个红卫兵大叫："为什么毛主席只有一只耳朵"？天哪！新华书店只剩下这种毛主席的侧面像，那时全国各地都在大搞红海洋及挂毛主席像。商店里红颜料及主席挂像几乎脱销。没货，能买到就不错了。再说正面像也好，侧面像也罢都是摄影师的创作。我，身为耳科医生确实也忽略了会有几只耳朵的问题。挂图是我去买的，我只好胆战心惊地向红卫兵们解释：西单新华书店只有一种挂图了，因为时间太紧，要不等我们去别的书店看看，如有两只耳朵的，一定买来换上，行吗？也许是我的真诚态度让他们心软了，终于二话没说就走了。此后，挂图也没再换，又过了一些日子，我们不忍心挂像被熏蒸，就先把消毒室的毛主席像取下来了。红卫兵们可能又在忙其他的"革命活动"，也再没来过我科门诊。不过小将们曾冲进四楼手术室，冲着我科大夫喊叫："摘下你们的马粪兜（指口罩）"！于是大夫们乖乖地脱下口罩进行手术。当时我在想：不知在给他们或其家人作手术时，是否也要摘掉"马粪兜"？

三十多年过去了，每当我回忆往事，偶然在茶余饭后将这些亲身遭遇讲给年轻人听时，大家都觉得好笑。但笑罢之后难道就没有一种莫名的悲伤吗？当年的小将们现在多已过不惑之年。那时，在"读书无用论"极左思潮泛滥时，完全迷失了方向，做出了多少令人不可思议的蠢事。当时喊得最凶，行动过激的"英雄"恰恰是"几乎被毁掉的一代"。觉醒的人们早已将这些陈旧的历史笑料扔进了垃圾堆。愿这段可悲的历史永远不再重演。[①]

在这种氛围下，作为教会学校毕业生、留学归国人员，张丽珠在造反派眼中自然是有“原罪”的“资产阶级反动学术权威”。从 1966 年下半年开始，她就不断遭到“革命群众”的批判，就连她在圣约翰大学的博士学位证书也被“破四旧”了。她利用自费从国外带回来的阴道镜、后穹窿镜开办子宫颈门诊这时成了一大罪状[②]，罪名自然是崇洋媚外、走资本主义道路。

在“大革命”的激情和威势下，当时不可思议的事情层出不穷。张丽珠印象很深的是当时把专科门诊改为综合性门诊。对这件事，三院耳鼻喉科的一位大夫回忆道：

> “文化大革命”期间，不可思议的事层出不穷。不知是什么风吹了过来，三院曾经在门诊取消过科室，大夫们一字排开，病人进入医院，挂一个号，随便进入哪个诊室，要看什么病都行，大夫则必须充当万能博士，十八般武艺样样精通才行。到我科来的病人，除问问有无耳鼻喉科情况外，他（她）说肚子痛、心慌、月经不调，我也得硬着头皮给他（她）看，凭借临床实习时打下的一点基础去对付吧，实在无法作检查又怕耽误病情的，就领着病人找相应科室的大夫诊治，所以一上午得在医院转上几圈，除非确实是耳朵、鼻子、咽喉方面的病人，否则真看不了几个。可以想象其他科诊室里没有立灯、额镜，耳科器械，纵然大夫医术超人，他也休想做出正确的“中耳炎”的诊断。这样一来，真正有病的患者如未遇到对口的大夫，算他倒了霉，不是被二百五的医生糊弄对付过去，就是在医院里大转圈而耽误功夫。倒是便宜了一些无病呻吟的患者，挂个一角钱的号，可以从头皮发痒，脚丫流汤一直看到腰酸腿痛，咳喘心慌。幸好那时也不谈效率

---

① 郑溶华：文革记事。见：贾建文、侯宽永主编,《北京医科大学第三医院的四十年》。北京：北京医科大学、中国协和医科大学联合出版社，1998 年。

② 张丽珠：北医三院妇产科早年的变化及有关工作记要。见：《我的医教人生》。北京：北京大学医学出版社，2010 年。

更不知何谓“效益”，慢慢看吧。

当时大家都很糊涂，根本闹不清形势将如何发展，我在嘀咕：综合医院的专科医生难道都要变成万金油大夫？王府井的百货大楼是不是也要变成小杂货铺？真不知问谁才能明白，脑子里一锅粥，就这么昏天黑地地过了一段时间，终于时代的车轮又将三院拖入阳关大道。大医院分科看病还是肯定和必然的模式，不容任意改变。此后，我也一直作为耳鼻喉科医生继续为人民服务，再没耍过二把刀。①

当时的观念是“书读得越多越蠢”“知识越多越反动”，领导人的这种引导得到了部分群众的衷心拥护。在三院，有些护士早就对医护关系、收入差距心怀不满，此时借着“文化大革命”的机会爆发出来。张丽珠对“文化大革命”乱象的印象之一便是“护士做大夫的工作，上台主持剖腹产手术”②。有大夫回忆当时的情况说：

曾几何时，受“读书无用论”的影响，“书读得越多越蠢”的歪风也刮进我院。在这知识分子成堆的三院，那么多蠢材应如何改造才能适应当时社会的需要呢？在我的记忆中，我们接受了如下事实：1. 门诊废除卫生员，由大夫护士搞卫生，每科都有卫生工具，下午四点以后有一部分护士大夫就开始搞卫生，也不需排班，谁有空就干。那时怎比当今，随地吐痰、乱擤鼻涕司空见惯，尤其我科鼻窦炎、咽炎患者脓涕多痰多为特点，尽管每个诊室及走廊都放置痰盂，也挡不住不自觉的病人擤或吐在地上，尤其走廊贴根处污迹斑斑，每次擦地让人恶心。但在知识分子思想改造的年代，哪能怕脏呢，所以大家抢着倒痰盂，擦地。我呢，随着时间的推移，逐渐热衷于擦地了。我发现有人把地擦得湿乎乎的，之后在厕所旁的水池子里涮洗墩布，滴着水又带回科里，可真叫难

① 郑溶华：文革记事之一——“门诊大联合”。见：贾建文、侯宽永主编，《北京医科大学第三医院的四十年》。北京：北京医科大学、中国协和医科大学联合出版社，1998 年。第 226-227 页。

② 张丽珠：北医三院妇产科早年的变化及有关工作记要。见：《我的医教人生》。北京：北京大学医学出版社，2010 年。

看。于是我采用半干墩布来拖，把地面上浮土一卷而尽，涮洗的拖把稍控水后沿墙根带回科里，隔些日子再用油墩布擦擦。那时消化科小楼还没盖起，我科门诊把边儿，夕阳从西边的一排窗户射进来，照在我拖过的大厅地面上，格外明亮光洁，我真高兴。时至今日，我也爱用半干墩布擦地面，这真不是从书本上学来的本事。2. 打破大夫护士界线。那时眼科耳科为一支部，病房也合到一块，大夫轮流值护士班，早上起来给病人试表、发药、打针。在我记忆中，连李凤鸣教授也曾早早起来，提个小白盆给病人发体温表、数脉搏。我科护士也给病人看病，上过手术，这就是初始的护提医，有的确实干得不错。那时卫生员也有改换门庭，放下笤帚给病人发药、打针的。只是大夫，书读得越多越蠢，所以要好好擦地、倒痰盂，重新学习试表、打针。①

干点卫生员的工作倒也没什么，只不过让张丽珠难以接受的是，为了表示服从改造、不怕脏，群众要求她"倒垃圾时不许戴手套"。另外，同耳鼻喉科的情况相比，妇产科的手术要更加复杂，因此硬着头皮上马的护士往往无法正确应对，被迫"下台"的张丽珠有时候会"经过门诊，被偷偷叫住，问该如何处理"。她印象很深的是有一次：

一例诊为卵巢囊肿，占满了腹腔，手术操作已两个小时，就是取不出来。两位革命派专家不敢多动，将我这个"卫生员"叫去做手术。我不了解情况只好刷了手去探查，原来两个小时的手术操作都未能将腹膜打开。当即打开腹膜进入腹腔，掏出一个大瘤子，接着第二个大瘤子又取出来了。病理证实是 Krukenberg tumor of the ovaries，胃肠转移癌，结论是瘤子的摘除是毫无意义的。②

---

① 郑溶华：文革记事之二——"书读得越多越蠢"。见：贾建文、侯宽永主编，《北京医科大学第三医院的四十年》。北京：北京医科大学、中国协和医科大学联合出版社，1998 年，第 227-228 页。

② 张丽珠：北医三院妇产科早年的变化及有关工作记要》。见：《我的医教人生》。北京：北京大学医学出版社，2010 年。

就是这种水平的医疗有时候也难以维持，因为医院的工作经常被突如其来的“革命小将”们干扰。北医附中的红卫兵们经常突然闯到门诊来检查，随意提一些要求，医护人员就要认真应对，否则后果难测。[①] 这种乱象是无论如何也维持不下去的。1968 年 9 月，北医成立了革委会，秩序逐渐得以恢复。但对张丽珠来说，劫难却还只是刚刚开始。10 月开始，院革委会根据上级要求，开始“清理阶级队伍”，全院一千多名党政领导骨干、专家教授和教职工被立案审查。他们都被剥夺了从事原来工作的权利，有的被关进“牛棚”，由群众监督劳动改造；有的去打扫厕所、清理楼道；有的从事杂务。[②] 张丽珠也属于被打倒的“反动学术权威”，原先的“人民内部矛盾”一下成了“敌我矛盾”，这让张丽珠很困惑，难以理解又深受伤害。三十年后她对同事们讲到：

> “文化大革命”时我 40 岁，我算一名妇产科专家，理当接受对资产阶级专家的一般大锅饭式的批判，接受再教育。但是，不知为什么我却被划入被打倒之列。全院革命群众振臂高呼“打倒张丽珠”。我低头认罪，当时站在大饭厅外边等待被斗时，革命家属的孩子使劲用脚踢我，我只能往后躲。我现在认为革命群众是受蒙蔽者，他们和被批斗者一样，都是受害者。现在让我们共同回忆总结并吸取经验教训，使“文化大革命”这个历史性错误，或其他改变了方式的类似错误不再重演。[③]

① 郑溶华：文革记事之四——“为什么毛主席只有一只耳朵？”。见：贾建文、侯宽永主编，《北京医科大学第三医院的四十年》。北京：北京医科大学、中国协和医科大学联合出版社，1998 年，第 229–231 页。

② 罗卓夫、孙敬尧:《北京医科大学的八十年》。北京：北京医科大学、中国协和医科大学联合出版社，1998 年，第 195–1967 页。

③ 张丽珠：三院建院 40 周年——庆祝会上的讲话（1997 年）。见:《我的医教人生》。北京：北京大学医学出版社，2010 年。在《北医三院妇产科早年的变化及有关工作记要》一文中，张丽珠列举了“清理阶级队伍”时期她的遭遇:“每天早晨向毛主席像低头认罪。交代自己的‘罪行’。”“被拉到医院的大饭厅被全院批斗，主持人为我科当时最革命的护士长，正在积极申请入党。她在台上学习表演我看后穹隆镜，头左歪右歪。”“在大饭厅门口等待批斗时，革命群众的小孩上来向我猛踢，我只能连连倒退。”

虽然受到了这诸多不公正的对待，但张丽珠是坚强的、自信的。痛苦过后，她没有被眼前的困厄击倒，认为自己：

> 多年来埋头苦干，遵纪守法，尽职尽责。对国家、对社会、对人民，问心无愧。世界上本来就不是那么公平的。我看着书桌边墙上的对联“有本不穷，无我为大。”我应该知道自己的价值。①

很快，她就得到了一个实现自己价值的机会。

下放延庆

在“清理阶级队伍”的同时，北医又开始“精简机构”、“下放科室人员”。1969 年 10 月 17 日，林彪根据毛泽东关于国际形势有可能突然恶化的错误估计，做出了“关于加强战备，防止敌人突然袭击的紧急指示”，即“一号命令”。随后全国进入紧张状态，出现大规模干部下放、办“五七干校”等行动。此事加上落实“六二六指示”的需要，北医先后将 1042 名教职工下放到农村劳动，其中仅下放到西北农村落户的教学、科研和医务人员就有 600 多人，他们大多下到基层卫生单位。有的脱离了业务岗位，改做其他工作。在业务岗位的，有的当了“赤脚医生”；有的由于专业不对口，不能发挥所长；有的则因条件限制，无法开展工作，致使他们的专业特长不能发挥作用；且荒废日久，知识得不到更新和提高，造成了人才的极大浪费。这一下放过程削弱了北医的师资队伍，给教学、医疗、科研工作带来了无法挽回的损失，同时也给广大知识分子的生活带来很多实际困难，损害了他们的身心健康。

---

① 张丽珠：留学回国前后。见：全国政协暨北京、上海、天津、福建政协文史资料委员会编,《建国初期留学生归国记事》。北京：中国文史出版社，1999 年。

图 6-1　张丽珠重返延庆对角石（1998 年 3 月）

也就是在这个时候，张丽珠与一批同事、学生一起爬上卡车，被下放到延庆医疗队。虽然比起下放西北的同事们来，他们算是幸运的，但张丽珠作为“革命对象”，总是有些惴惴不安，带着沉重的心理负担和对前途命运的恐惧。这跟在通县医疗队期间的情况有很大不同。三十年后她专门写了篇文章，抚今追昔，其中对自己当年心理、行动的刻画细致入微，值得后人认真读一读：

重返对角石①

记得大约三十年前，我曾带着同学去延庆参加医疗队。我还记得当时上卡车时，有一位卫生系的老教授硬是爬不上来。在卡车里一路颠簸，听着林彪“一号通令”的广播（1966 年）。今天（1998 年 3 月初）我又来到延庆，陪一位香港妇产科专家，示教新型手术并资助贫困病人。车经高速公路，见县医院新建了两座大楼，手术室比我们城里的还

① 张丽珠：重返对角石。《人民日报（海外版）》，1998 年 7 月 3 日。

要宽敞。县医院妇产科杨主任对30年前对角石的手术场面记忆犹新。

那次刚下车还没停下脚，延庆医疗队领导即派我到对角石山沟里执行任务。医疗队的顺口溜是："金眼科，银外科，辛辛苦苦妇产科"。金眼科朱大夫和我，一前一后走在那崎岖的羊肠小道上，左边是峭壁，右边是悬崖，身上背着沉重的行李包，而心里的包袱就更重了：这次进来山沟，还出得来吗？小腿还在抽筋，即来到老大娘身边。她多年来患有严重的子宫脱垂，整个子宫带着膀胱和直肠都掉在阴道外面，一直不能下炕，更甭说骑小毛驴下山了。军宣队在旁边仓库里用小桌和几根棍子搭了一个妇产科手术床，手术时有两个同学做我的助手，从外村来的大夫做麻醉师。是我这个1951年从英、美回国的资产阶级知识分子对病情估计不足，老大娘曾用过多种坐药治疗，药擦在子宫上面覆盖的阴道壁，造成了严重的粘连，术时分不清层次，只好小心翼翼地慢慢剥离，出血不多但很费时间。单次腰麻早已不顶用，手术完成后大娘的血压已很低，处于半休克状态。工宣队和积极分子讨论对策，诊断为内出血，命令我开腹止血。我坚决不肯做，我需要的是为病人输血，但是原来准备好的配血员都找不到了。老大娘躺在炕上，还在躁动。我盘腿坐在她身边炕上，全神贯注地扶着大娘的脚，紧紧握着静脉切开处的针。如果针脱了出来，这样低的血压，哪里再去找血管？如果大娘有个三长两短，我也活不成。我忘掉了我的家人，我的儿女。啊！那悬崖……！今天我才知道，原来县医院的杨主任当时也在场，且深有同感；她看到了边上监视我的工宣队眼神，他期望的是什么？下午雪下得更大了，外面一片白茫茫，炕边上点着一根蜡烛，蜡烛在流泪。我不记得手术时用的什么照明。点滴总算维持了下来，大娘情况似乎稳定了。第二天居然有人来自三院，带来了血库的血为大娘输血。几天后大娘恢复了，子宫脱垂治好了，她下了地，我也下了地。

春天来临，山上桃花盛开，大娘走出门外在树下赏花。我第一次回到村里医疗队住所，途中走在小溪流水的石块上，头一阵眩晕，几乎翻倒在河里。我感到全身发痒，不知是对什么过敏了。同学们翻开我的毛衣袖口，笑着告诉我说，我身上的虱子已传到第三代了。几天后县医疗队点上开了总结会，我没资格参加。同学们回来后悄悄告诉我，会上的主题是对资产阶级专家迷信的大批判。岂止如此，今天杨大夫还说，我有另外几顶帽子，资产阶级反动权威、里通外国。幸亏当时我都不知道。其实我自 1951 年回国后和国外割断了联系，我国外的亲属，老师和朋友都不知我的去向。

我还是每天在炕头上给同学讲课，没有书本，没有黑板，巡回医疗。其实，村里也只有十几户人家。在路上碰见一位老大爷，他跷着大拇指对我说："我们村里来了个能人！"只要是我一个人进入农户，他们就会偷偷地沏糖水给我喝，烙蛋饼给我吃，真好吃！这些老乡们的朴实感情我将永远铭记在心头。

今天既然来到延庆，一定要去看看乡亲们。对角石完全改了样，下边成为一片平地，变为延庆通往张家口的交通要道，山里的农民完全搬了下来。老大娘术后活了 20 多年，她的两个儿子和孙子们在山下开了车马店和饭馆，还有耕地。另外几家也跑了出来和我话旧。他们领我再次上山，路平了，变宽了，好像不像那年的小路。我走到老大娘的旧居地，在一堆破砖碎瓦前留下照相，还了我多年来的心愿。我们好不容易谢绝了乡亲们的热情留饭，再返征途，这里没有个人恩怨，这是大是大非的问题。一路上，心中充满了的是，作为一个医生对人类健康的责任感。

对角石的经历一波三折、扣人心弦，不过张丽珠在延庆期间主要的工作是在宫颈癌方面。多年和年轻患者打交道，张丽珠在早期癌瘤诊断、手术方面的特长很少能得到发挥，而在延庆郊区，此类病例挺多的，她不愁没有用武之地：

1969 年在延庆的时候，那一阵宫颈癌挺多的，是个大手术。我调到县医院去就整天做手术。所以后来他们医院的人说，这个地方的子宫颈癌都给我做光了。所以那个时候的确做了不少事。当时要让我回来，我还不愿意回来，觉得在那边我倒可以做点实际工作。①

但回不回去，还是单位和组织上说了算的。更何况，此时城里也有不少需要她出马的工作。

特殊岁月的教学与科研

从 1966 年到 1970 年，北医没有招收本科生、研究生和进修生，这使得医药卫生人才培养出现了严重断代。1970 年 12 月，北医以“群众推荐，领导批准，学校复审相结合”的办法招收了 499 名三年制工农兵学生，这是该校第一届（71 级）工农兵学生。他们入学后，一批被下放的教师因教学需要被召回。张丽珠于 1971 年受命回城。

虽然张丽珠重新走上讲台，但是在当时的背景下，正常的教学秩序根本得不到保障。当时的口号是工农兵学生要“上大学、管大学、用毛泽东思想改造大学”，因此大部分学生根本没有做学生的觉悟。当时甚至有论调反对学技术，认为“知识到手，人被夺走”。② 张丽珠对这种局面缺少足够认识和心理准备，一如既往地严格要求学生，对“学员听课不专心”提出了批评。但学员们绝不领情，回报她的是一张大字报，指责她讲课不好。③

好在不用一直待在学校受气。为贯彻毛泽东“把医疗卫生工作的重点放到农村去”的指示，遵照周恩来对医疗队工作的六项指示，北医于 1971 年 6 月派遣第一支医疗队赴云南西双版纳州为当地人民防病治病。医疗队

---

① 唐有祺 张丽珠——风雨同舟 伉俪情深。见：曾涛主编,《世纪之约 约定时光记忆的人 科学家・我们时代的明星》。北京：中国广播电视出版社，2004 年，第 247 页。

② 朱潮、张慰丰:《新中国医学教育史》。北京：北京医科大学、中国协和医科大学联合出版社，1998 年，第 143-144 页。

③ 张丽珠：北医三院妇产科早年的变化及有关工作记要。见:《我的医教人生》。北京：北京大学医学出版社，2010 年。

每批 30 多人，包括内、外、妇、儿、口腔等主要科室的医、护、技人员，每年轮换一次。[①] 医疗队的任务之一是培养基层卫生人员，张丽珠因此赴云南讲了两个月的课。身为云南人，五十岁的张丽珠却是首次来到这里。借此机会，她去了一趟大理，体味那些自幼便曾多次听闻的风物：

> 为妇专同学讲课，又去了云南下关。苍山的云，洱海的月，下关的风，大理的花，我算都尝过了。进入大理镇上，寻找张家的遗迹，却完全没有了。云南大理只是我的祖籍。[②]

圆梦之后，张丽珠回到北京，继续从事教学和临床工作。值得特别提出的是，此时我国与西方国家的交往正在逐渐恢复之中，来华访问的国外医学界人士逐渐增多，张丽珠由于留过学、英语好，

图 6-2　1972 年 2 月，张丽珠（左）接待林格尔（右）参观针麻下的剖腹产

而且熟悉外国人的思维方式和处事风格，经常被拉去参与外事活动。1971 年 11 月，智利医学代表团来华访问，她参与接待。对方访问北医并做学术报告的时候，她担任同声翻译。还有一次，加拿大学者来访，要去东北

---

① 医疗队主要开展了以灭疟为主的群防群治工作，如疟疾普查，预防投药，治疗，病情、病史及流行因素的调查研究；宣传和组织群众开展群众卫生运动；帮助当地卫生部门建立健全防治和管理制度；培养基层卫生人员以及其他疾病的防治等。队员们跋山涉水，餐风宿雨，克服了工作和生活方面的多种困难，做了大量工作。据 1974 年统计，1971 年到 1974 年的四批医疗队，为当地人民治病达 221010 人次，做各种手术 8278 人次，口腔修复 15525 人，抢救重危病人 615 例，培训大队医和保健员 1387 人，培训专业医务人员和卫生技术人员 426 人。

② 张丽珠：妇产科 60 年历程回忆录，未刊稿。

吉林医科大学（曾用名为白求恩医科大学）演讲，她随行担任翻译。

当然，她印象最深的，还是1972年2月接待尼克松访华的随行记者林格尔（William Ringle）等人来北医三院参观针刺麻醉。多年后，林格尔还对当时的场景记忆犹新：

>……于是我们转向正在进行的剖腹产手术。身材娇小的孕妇戴春茹躺在手术台上，我们微笑着通过翻译张丽珠大夫向她提问。张大夫身材高大、庄重大方，曾就读于约翰霍普金斯大学医学院，能说一口无可挑剔的地道英语……[①]

当时，针刺麻醉在国内是一个大热门，在中西医学界得到了广泛的关注。北医三院在这方面的工作走在全国前列，在社会上引起了较为广泛的关注，多位国家领导人曾亲临参观。回国访问的物理学家杨振宁也曾来院了解相关情况。张丽珠所在的妇产科也在这方面做了不少工作，从1970年7月起开始应用针刺麻醉进行卵巢囊肿手术。截至70年代末，共进行150例，成功率94%，优良率80%。[②]

当然，这项工作是在当时“创造新医学”的背景下开展的。在毛泽东的指示下，当时将中西医结合以创立中国统一的新医药学作为我国医学发展的唯一正确方向，中医得到空前的重视。西医也尽量学习、使用中医药，绝不敢冒天下之大不韪，犯路线错误。1974年，北京医学院三家附属医院的妇产科合作编印了一部《妇产科学》教材，全书基本上是按照西医学的体系编写的，却专门写了《妇产科中医基础》作为第一章。全书560多页，第一章仅有3页，不过是点缀一下，以免被人“挑刺”。

总体来说，由于存在各种干扰，“文化大革命”最初几年的科研工作基本上是停顿的。到“文化大革命”后期，张丽珠才开始逐步把科研重新做起来。她带领三院妇产科同仁1974年起与北医生理教研组、一院妇产科

① 林格尔致张丽珠信件（1999年2月3日），张丽珠整理：《中国的巨大变化》，电子稿。

② 张丽珠等：应用针麻行卵巢囊肿手术150例分析。《中华医学杂志》，1981年61卷第8期，第459-462页。

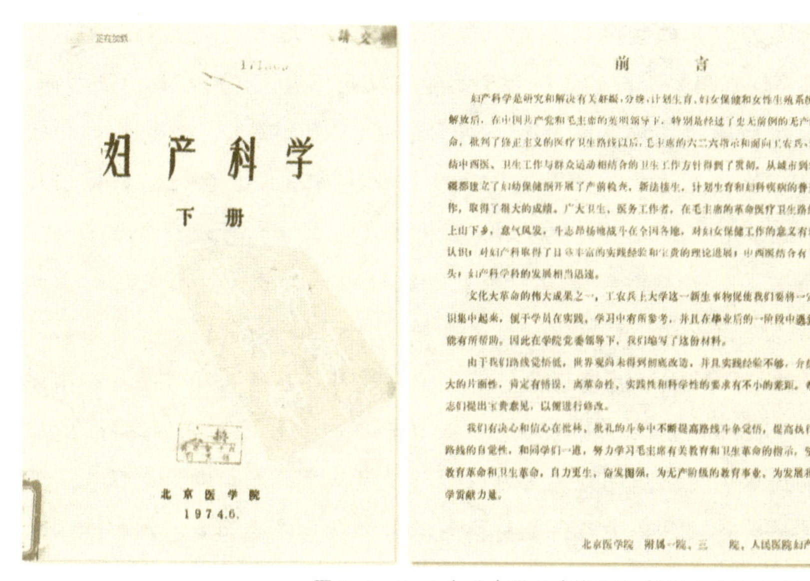

妇产科学

下册

北京医学院

1974.6.

前　言

妇产科学是研究和解决有关妊娠、分娩、计划生育、妇女保健和女性生殖系统疾病的学科。解放后，在中国共产党和毛主席的英明领导下，特别是经过了史无前例的无产阶级文化大革命，批判了修正主义的医疗卫生路线以后，毛主席的六二六指示和面向工农兵、预防为主，团结中西医、卫生工作与群众运动相结合的卫生工作方针得到了贯彻。从城市到农村、工矿、边疆都建立了妇幼保健网开展了产前检查、新法接生、计划生育和妇科疾病的普查、普治等工作，取得了很大的成绩。广大卫生、医务工作者，在毛主席的革命医疗卫生路线的指引下，上山下乡，意气风发，斗志昂扬地战斗在全国各地，对妇女保健工作的意义有着不断深入的认识；对妇产科取得了日益丰富的实践经验和宝贵的理论进展；中西医结合有了可喜的苗头；妇产科学科的发展相当迅速。

文化大革命的伟大成果之一，工农兵上大学这一新生事物促使我们要将一定的妇产科知识集中起来，便于学员在实践、学习中有所参考，并且在毕业后的一阶段中遇到一些问题时能有所帮助。因此在学院党委领导下，我们编写了这份材料。

由于我们路线觉悟低，世界观尚未得到彻底改造，并且实践经验不够，介绍的材料有很大的片面性，肯定有错误，离革命性、实践性和科学性的要求有不小的差距。希望同学们同志们提出宝贵意见，以便进行修改。

我们有决心和信心在批林、批孔的斗争中不断提高路线斗争觉悟，提高执行毛主席革命路线的自觉性，和同学们一道，努力学习毛主席有关教育和卫生革命的指示，坚持无产阶级教育革命和卫生革命，自力更生，奋发图强，为无产阶级的教育事业、为发展我国的新医药学贡献力量。

北京医学院　附属一院、三　院、人民医院妇产科

图 6-3　1974 年北京医学院编印的《妇产科学》教材封面及前言

合作探讨早孕维持机理，1975 年起又与病理科、一院妇产科总结子宫颈癌手术效果和病理的关系等。

骨肉离散

“文化大革命”期间，张丽珠在事业上举步维艰，家庭方面也遇到了低谷。政治的动荡轻易地就碾碎了家庭的幸福。

风暴高潮时期，作为高级知识分子，唐有祺和张丽珠都是被专政、被批斗的对象，难以顾及家庭。而孩子们“停课闹革命”，也没学可上了。全家人的生活一下陷入了无序状态，“清理阶级队伍”时期家中还出了一场事故，险些酿成悲剧。昭华回忆说：

> “文化大革命”有一段比较困难。妈妈（张丽珠）那时候扫厕所，我父亲又被隔离——我父亲牵扯到一个在化学界由“逼，供，信”编

造的海外留学归国的特务案。爸爸被关在北大一个小楼里，也不能回家[①]。我妈妈那时候是被打倒的学术权威，有认识的人找她去看病，看她在扫厕所。那时候我和我哥哥在家，每天晚上，我等着妈妈回来，给她做点吃的。她每天都很晚回来。有一次我记得，让她们几个“地、富、反、坏”背语录，背完了才能回家。可是有个地主婆出身的卫生员背不出来，(革命群众)就让我妈妈教她，可是教了很长时间还没背出来。那时候家里生着炉子，用煤饼炉做饭。当时用的煤饼是湿的，特别容易有煤气。有一天我哥哥荨麻疹又发作了，在家休息……我回来以后，哥哥跟我说他晕倒了，我想可能是因为荨麻疹。可是我后来烧热水洗头，洗完以后头很疼，我就意识到这是煤气。所以就把所有窗户都打开，赶紧找邻居来帮助哥哥，而我一到邻居那儿就晕倒了。邻居把我哥哥也接到他们家，并把我们家的窗户全都打开。我妈妈那天特别晚才回来，看见我们两个人都趟在邻居家的床上，不禁哽咽落泪。这是我记得的仅有的几次看到妈妈哭。[②]

这件事对张丽珠的触动很大，加上当时单位很多人都把她当作敌人看待，这让她难以接受。自己一向注意不特殊化，归国后工作中尽量不说英文字，对学生尽职尽责，工作上认真负责、任劳任怨，为了病人连一天假都没请过，“文化大革命”被批判后，每天对着毛主席像忏悔、念语录，低头认罪，最终还是被当成敌人，这使她有深深的挫败感，无力应对，这是她有生以来唯一一次显得脆弱的时期。昭华回忆说：

那时候我晚上陪着妈妈，她就跟我说过：“你说妈妈是这么坏的人吗？”我当时特别怕，我说：“你不是，都会过去的！”

重重压力之下，有亲人相濡以沫，已经是很难得的了。当时有不少“造反派”的少年给在单位饱受折磨的父母伤口上撒盐，与父母断绝关系，

---

① 唐有祺当时被隔离了 49 天。

② 唐昭华访谈，2014 年 1 月 2 日。资料存于采集工程数据库。

直接导致了很多知识分子的崩溃和自尽。由于从小的教育基础做得好，一双儿女给张丽珠在无尽的黑暗中带来了一线光明。但她却因此饱受另一种折磨煎熬：

> 那时候如果发现反动言论标语，就要让我们（我和哥哥）写字。因为怀疑是被批斗人的小孩所作，认为是他们心里的仇恨所致。所以要查我们的笔迹，看是不是我们写的。每次让我们提供笔迹，妈妈（张丽珠）心里特别难受。她是什么心情啊，她还必须把我们的笔迹交回去！……我哥哥有很多朋友，那时候他觉得家里这个样子，想起爸妈心里特别难过，失落，常常去找他的朋友。我在家等着我妈妈，有时候如果哥哥出去跟他的朋友在一起没回来。我妈妈特别担心哥哥。那个时候我特别担心妈妈会想不开。她一直是那么要强的人，却被从根本上否定，你想当时对她是多大的打击！①

这种煎熬，直到 1969 年才结束。这一年，张丽珠被下放到延庆，全家曾去看望她。

随后，昭达就和同届的同学们一起“上山下乡”，被发配到北大荒的五大连池。刚去的第一年，因为麦收时下大雨，拖拉机下不了地，只能靠人工在泥水里收割，一直干到冰天雪地的冬天。劳动和生活都非常艰苦，一些知青纷纷逃离。想起以前打乒乓球的事，看到父母都在努力工作，昭达写信给母亲说：“我永远记得妈妈对我的教训，我永远不会做逃兵。”在生产建设兵团，他经受了严寒以及艰苦劳动和生活的锻炼，做过农工，拖拉机手，机务副连长和生产股副股长。连里老职工和知青两次推荐他去做工农兵学员，但到了团部都没通过。他怕档案里有问题，鉴于母亲已恢复工作，希望三院能帮助证明一下她没有问题了。后来三院寄了一封信来，一年后，一个偶然的机会他看到了这封信，上面写到：“……批判过张丽珠的资产阶级医疗作风……”这样的信当时是帮不上什么忙的。②

---

① 唐昭华访谈，2014 年 1 月 2 日。资料存于采集工程数据库。

② 出自张昭达先生 2014 年 11 月 17 日写给笔者的邮件。

昭华于1970年被下放到西山农场务农。同届的同学大多进了北京的工厂，只有剩下的出身不好的“黑五类”被发配到远郊种地。在农场，很多人都说唐昭华的社会关系复杂得不得了，一辈子都翻不了身。甚至有人直接说：“你们家两个大教授，你这样是替你爸妈来还债的！”

这种“还债论”深深地刺痛了张丽珠，使她一直耿耿于怀。晚年她还曾质问：“要我们的后代都成为愚民嘛？”①

好在，寒夜终会过去，春天必将来临。

① 张丽珠：学习型家庭。见：《我的医教人生》。北京：北京大学医学出版社，2010年。

第七章
走进新时代

春暖人间

1976年在中国现代史上是重要的标志性年份，这一年发生了许多对张丽珠这一代人影响深远的大事。

周恩来、朱德先后逝世；7月底，唐山发生了极具破坏性的大地震，一时间京津地区人心惶惶，大家都忙着避震。而张丽珠作为医务人员，更是忙得不可开交，直忙到8月中旬，表兄梁漱溟还在信中问候："地震威胁解除，想医务忙碌略减轻乎？"①

9月，毛泽东逝世。10月，"四人帮"倒台，"文化大革命"宣告结束。乍暖还寒，国家的命脉、个人的生活，一切都在逐渐复苏。

这一年对张家来说，也是悲喜交加。宁珠、馨珠当年与家人一起留在了美国，多年与国内亲友不通音讯。"文化大革命"后期，随着中美交通

① 梁漱溟：寄张丽珠表妹（1976年8月17日）。见：中国文化书院学术委员会编，《梁漱溟全集》第8卷。济南：山东人民出版社，2005年，第324页。

恢复，宁珠于 1976 年携子女回国探亲。而此时，馨珠早已于多年前因难产不幸早逝。就在这年，为四姐妹操劳大半生的三姑张佩芬也病故了。

经历了大悲大喜、反反复复的 1976 年，一切终于逐渐好起来。最让张丽珠感到快慰的是政府恢复了高考，儿女有了接受高等教育的机会。1977 年 2 月，昭达从黑龙江建设兵团回京，并于这一年考入北京化工学院。次年，昭华考入北京医学院。苦尽甘来，一家人皆大欢喜。

图 7-1　1977 年与回京的昭达合影

张丽珠自己的工作也逐渐重回正轨。1977 年 12 月，北医召开了科技大会，科研人员交流经验，汇报成果，修订科研规划，听取前沿学科理论介绍。1978 年 3 月，全国科学大会在北京召开。邓小平在讲话中指出当代社会生产力的巨大发展主要靠科学技术，我国实现四个现代化关键是科学技术的现代化，提出为社会主义服务的脑力劳动者是劳动人民的一部分，要在我国造就更庞大的科学技术大军，特别强调科学技术人才的培养，基础在教育，从而把教育提到了实现四个现代化的重要战略地位，号召全体科学工作者“树雄心，立大志，向科学技术现代化进军”。国家再次

图 7-2　1978 年昭华考入北京医学院，兄妹合影

把科学工作重视起来，极大地鼓舞了知识分子的士气。关于张丽珠，一位记者写到：

> 正当她（张丽珠）大显身手的时候，十年动乱发生了，她同许多老干部、老专家一样，受到了种种不公平的对待，她苦闷过，伤心过，但这些年的阅历，使她坚信亲爱的党会出来纠正这种不正常的局面的。盼望的一天终于来到！她的心情格外舒畅，在全国科学大会的鼓舞下，她又满怀热情地投入了工作。①

确立了改革开放的政策，中国共产党对知识分子的政策也有较大调整，多了些信任，少了些猜忌，同时加大了吸收高级知识分子入党的工作力度。张丽珠于 1980 年提交的入党申请书得到了批准，同年已担任副教授多年的她晋升为教授。1984 年 1 月她又被国务院学位委员会评为博士生导师。年过花甲，再上征程，这意味着更大的责任和更繁重的工作，但张丽珠早已做好了准备。

为中国妇女代言

“文化大革命”结束后，有一段时间张丽珠除了承担繁重的科研、诊疗工作外，还多次作为主要成员参加各种出国访问的代表团，以至于梁漱溟曾开玩笑调侃道：“久不晤面，敬想教学和公务均忙，并且夙闻大驾时常出国，不知是否在京也。”② 这一方面是因为从“文化大革命”后期起，她就因外语流利而经常出席多种外交场合，另一方面还是因为此时她在国内

① 孙敬尧：光明之路——记党的积极分子、全国“三八”红旗手张丽珠。《北医通讯》，1981 年 7 月 1 日，第 133 期。

② 梁漱溟：寄张丽珠表妹（1984 年 4 月 30 日）。见：中国文化书院学术委员会编，《梁漱溟全集》第 8 卷。济南：山东人民出版社，2005 年，第 325 页。

图 7-3 1980 年 7 月出席第二届世界妇女大会前探望林巧稚大夫

妇产科学界已经有了一定的地位。

张丽珠到国外从事医学考察，是抱着学习的态度去的，动脑动手又动口，积极了解学界动态，学习新知识、新技术，回来后有时还要撰写翔实的考察报告，总结经验，以资借鉴，绝非走马观花、夸夸其谈者可比。1981 年 11 月 7 日至 12 月 17 日，她参加中国妇产科学会计划生育、妇幼保健考察组赴欧洲，一个多月里参观了芬兰、联邦德国、法国三个国家的 36 个相关机构，每到一地都详细记录相关事项、数据，看到“参观所到的医学院附属医院、研究所都具备先进的仪器设备及较好的科研条件”，更加直观地认识到了国内存在的差距。此次在法国 Antoine Béclère 医院妇产科主任 Papiernik 教授那里，张丽珠接触到试管婴儿的研究。①

在参与过的外事活动中，张丽珠印象最深的是 1980 年 7 月出席联合国在丹麦哥本哈根主办的第二届世界妇女大会，并于会前（7 月 9—13 日）参加联合国教科文组织在挪威奥斯陆召开的“改变中社会的创造性妇女（Creative Women in Changing Societies）”国际讨论会。她在研讨会上做了题为“回首往昔，展望光明未来（Reminisces of the Past and a Bright Outlook on the Future）”的报告。在报告中，她回忆了自己的教育经历，以自身为例向各国代表介绍了中国妇女在家庭、事业等方面的基本情况，讲述了自己同时兼任妻子、母亲、医生多种角色的经历以及其中的冲突，同时也回顾了“文化大革命”期间的情况以及中国医学发展的状况，最后总结道：

---

① 张丽珠：计划生育、妇幼保健考察报告。《中华妇产科杂志》，1983 年 18 卷 2 期，第 121-123 页。

在中华人民共和国，妇女在政治、经济、社会、家庭等所有方面都与男性享有同样的权利，并且实现了男女同工同酬。我充分理解，只有完成全社会的社会主义改造，妇女解放才有可能得以实现。①

在参加大会期间，她结交了一些朋友，对当地报刊和电台的访问都按照当时的形势和要求做出了有理、有利、有节的回答。曾有记者写道：

图 7-4　1980 年在挪威奥斯陆召开的“改变中社会的创造性妇女”国际讨论会上发言

1980 年、1981 年，她两次代表中国妇女前往欧洲、南美出席世界性会议，并对一些国家进行访问。当她重游阔别了三十年的西方各国时，使她感受最深的是：中国的国际威望空前提高了，每个身在异乡的中国人，都为有这样一个强大的祖国作后盾而感到自豪。②

这种感受当然是有的，但三十年后故地重游，那种百感交集并不能这样简单地一言以蔽之，尤其是在联系当年的至交好友时，张丽珠的感受更加复杂。张丽珠曾经回忆与留英时期的老师道兹女士重新取得联系的过程：

从那时起我和大陆外面的人完全割断了消息。有些做得确实很不礼貌。我想到我的恩师 Miss Glasdya Dodds，我讲大课有关“子宫内

---

① 张丽珠：*Reminisces of the Past and a Bright Outlook on the Future*。1980 年 5 月 18 日。原文为英文。

② 孙敬尧：光明之路——记党的积极分子、全国“三八”红旗手张丽珠。《北医通讯》，1981 年 7 月 1 日 133 期。

翻”时总要对学生提起她，那次是怎样帮助并教导我抢救这个病人的。30年后我第一次再访问伦敦，我托人送去了礼物，她来电话嘱咐我一定来爱丁堡看她，但我不能脱离团体。她写信给我说，作为一个妇女当上了教授是不容易的。我想这里和英国不同，女教授很多。她想来北京看看，但不久即离开了这个世界。我只能在这里寄托我的哀思！①

这件事就这样永远成为遗憾。当然也有相对幸运一些的，比如张丽珠曾回忆与 Margaret Lee 的联系：

我回国后一直未和她联系。80年我再访英国，她已结婚，改了姓，无法找到。但她也在设法打听我，后来通过张素我教授和麦永嫣医师很快即知道我在北京工作，我们又联系上了。有祺先去了英国，会见了她和她的丈夫。原来她的丈夫 Aldis 曾在重庆传教教书，后来他们在香港结了婚。怪不得 Margaret 对中国人一直有好感呢。90年我又在英国见到她，Aldis 已去世，我又住在她家几天，她开车送我去剑桥的 Bourn Hall。②

这些情感是真挚动人的，但张丽珠在国外的时候总是匆匆的，很难与亲朋久聚，要将大部分时间花在公务上，或者宣传我国在计划生育和妇女保健方面的成就，展示我国妇女在政治生活与社会建设中的作用，或者考察各国妇产科学进展。1980—1982年她数次参加国家妇女代表团，出访欧、非、拉美等地的多个国家。曾与她一起出访北非的一位妇联干部回忆说：

我印象极为深刻的是，1982年5月、6月陪同全国妇联副主席黄

① 张丽珠：留学归国前后。见：全国政协暨北京上海天津福建政协文史资料委员会编，《建国初期留学生归国纪事》。北京：中国文史出版社，1999年。

② 张丽珠：留学生回国前后，初稿（打印件）。

甘英率领的四人妇女代表团访问埃及、突尼斯、摩洛哥三国。代表团的另外一位重要成员是我国著名的妇产科专家张丽珠女士，我与另外一位讲法文的同志负责具体工作。此次可以算作全国妇联恢复工作之后对阿拉伯妇女界的一次重要访问。对方的出场人物身份高、交流的信息较深入，将此前双方中断多年的交往衔接起来，并为今后的合作打基础……代表团受到高规格的接待……我方仅仅 4 人的代表团却成为一列车队，车队前由摩托车开道，军警列队迎送，群众载歌载舞，中阿妇女间的友谊尽体现在这种锣鼓喧天的热烈气氛中。盛大的场面让人至今记忆犹新，难以忘怀。①

见惯了大场面，张丽珠最钟情的却还是实验室和手术台。虽然从事了一些对外交流活动，她一直坚持不让这些“副业”影响自己的本职。

图 7-5　1982 年访问摩洛哥留影

① 刘光敏：与阿拉伯妇女界友人的交往。见：时延春主编，《丝路盛开友谊花》。北京：世界知识出版社，2008 年，第 268-277 页。

开展科学研究

“文化大革命”结束，张丽珠的职务和工作逐步得以恢复。此时她已经年近六十，很多人这时已经准备回家含饴弄孙，静享天伦之乐了，可她却享不了这种清福。一方面“文化大革命”造成的人才断层使她不得不继续坚守在岗位上，另一方面蹉跎多年，科学的春天刚刚到来，她也想在日益改善的条件下做出些成绩，追回流失的岁月。

1980 年前后，张丽珠在北医三院妇产科推进的工作，主要有两方面。在临床诊疗方面，根据国内外医学的发展形势，开展腹腔镜技术；在基础研究方面，1978 年建立生殖内分泌实验室，继续开拓相关研究。依然是基础、临床两手抓，二者缺一不可。

70 年代末，张丽珠意识到腹腔镜在妇科临床上的重要性，开始想办法开展相关工作。一开始，她借助消化科检查肝脏用的内窥镜检查妇科盆腔脏器，积累了一些临床经验。在此基础上，她积极向上级申请购置了腹腔镜，于 1982 年正式开展腹腔镜诊断，可以用于卵巢肿瘤、子宫肌瘤、子宫内膜异位症、盆腔结核、子宫卵巢发育异常等疾病，并配合两名博士生完成了子宫内膜异位症课题中的临床部分。经过长期摸索、学习、添置设备，到了 90 年代，北医三院妇产科已经可以使用腹腔镜进行卵巢囊肿剔除、卵巢巧克力囊肿剥除、附件切除、宫外孕输卵管切除、输卵管开窗、绝育术及腹腔镜辅助下阴式子宫切除等腹腔镜手术。这些手术损伤小、出血少、恢复快、住院日短，是开腹手术的一场革命，深受患者的欢迎。

在基础研究上，张丽珠选择开展生殖内分泌研究其实仍是在延续之前的工作。她曾经回顾自己来到北医三院之后所做的研究工作：

因为（北郊八大学院的）年轻人肿瘤根本没有什么，当时（1960 年前后）研究的重点还是做妇科肿瘤，可是根本没什么肿瘤，所以从那个时候就转向妇科内分泌、月经不调。后来发现很多来调查妇科问题，月经不调导致她们不怀孕，所以那个时候又开始调查什么原因使得她们不怀孕，就这么根据当时的事情改变来调整我的研究方向。要不然我没有病例，没法做，所以后来就从肿瘤改向妇科内分泌，改到月经不调的原因，以后又改到不孕，不怀孕是怎么回事，到后来做试管婴儿，做出了我们中国第一例试管婴儿。①

张丽珠说来轻描淡写，但这背后却有着无数的艰辛劳动、心血汗水。她带领科内同仁，开展了以下工作：在国内较早地开展放射免疫法测定女性激素，并率先对子宫肌瘤、内膜及早孕蜕膜进行雌孕激素受体的测定，从而对激素依赖性肿瘤的生长从激素与受体两方面深入认识。而早孕蜕膜孕激素受体测定与以后的药物流产—— Ru486 中止早孕的机理相吻合。继而对妊娠高血压综合征前列腺环素和血栓素及胎儿胎盘循环进行研究。在此基础上，从事正常妊娠和妊高征子宫动脉、脐动脉多普勒血流速波测定的研究。此项研究的部分工作在美国纽约长岛 Winthrop 大学完成。这为后来应用阿司匹林预防治疗妊高征提供了理论上的认识。在此期间，妇产科建立了遗传学实验室，对闭经、性分化异常病人从事染色体核型分析。1984 年以后，研究的重点集中到试管婴儿。

在这短短几年里，张丽珠的工作取得了不少引人瞩目的成绩。她将放射免疫测定血内激素及甾体激素受体测定等新技术引入妇产科疾病及计划生育的研究中来，研究了蜕膜孕酮受体及其在维持早孕中的作用，受到国内外医学科学界的重视，使北医三院妇产科的内分泌理论研究在国内取得领先地位，并为 1978 年正式成立生殖内分泌研究室奠定了基础。《早孕子宫蜕膜的发育和孕激素受体的关系》于 1984 年 7 月在加拿大召开的第 7 次国际内分泌学会上和法国的《RU486 终止早孕》同时发表。《妊高征中前列腺环素、血栓素变化和胎儿 - 胎盘血循环的关系》获 1989 年卫生部科技进步奖。张丽珠最早将黄体生成激素释放激素类似物 GnRH-a 应用于妇科疾病的诊断和治疗，如用于垂体兴奋试验，抑制排卵及治疗子宫内膜异

① 张丽珠——神州试管婴儿之母。见：腾讯新闻频道编，《大师访谈录》。长沙：湖南人民出版社，2010 年，第 120 页。

位症等。这些都是开创性的工作。

张丽珠的工作能够顺利开展，不仅因为自己能埋头工作，还由于她在找到有研究前景的课题后，能够充分调动资源，同时将一批人才团结在自己周围，充分调动他们的工作积极性，共同完成研究工作。生殖内分泌实验室建立后，她通过与中科院动物研究所合作，获得了世界卫生组织的试剂，建立了血清各种生殖内分泌的放射免疫测定。1978 年研究生招生恢复，她很快就给找来的学生找到了合适的课题。同时因为研究任务繁忙，她还充分调动自己以前的学生来参与工作。刘又天回忆说：

> 1978 年北医三院借调我去协助张老师开展内分泌方面的研究工作。在研究生毕业二十年后能有此良机，又回到老师身边深感荣幸，在我到北京前老师已做好安排。研究题目是关于 LRH 对垂体的影响及其在临床应用方面的问题。在张老师指导下，我参加了内分泌专科的临床工作，并做了大量的动物实验和部分激素检测，定期与老师讨论阶段研究成果。张老师掌握学术发展新动向，知识渊博，我受益匪

图 7–6　1981 年，“文化大革命”后首批研究生冯培、陈贵安毕业答辩时与答辩委员合影（左 2 至左 7：曲绵域、王志均、张致一、严仁英、张丽珠、顾芳颖）

浅。两年间完成《LRH 兴奋试验在闭经患者临床应用的意义》研究工作，对当时我国妇产科界探讨 LRH 的临床应用有重要意义。①

1984 年被聘为博士生导师后，她立即就启动招生。第一位博士生杨池荪在一封信中这样回忆她的指导：

> 25 年前我从甘肃农村来到北医三院妇产科，那时我仅仅是毕业 10 年的一个农村基层医生，不知道什么叫做科研。在您的教导下，我逐渐懂得了如何收集病历，如何进行实验，如何分析实验结果，如何书写论文。您亲自带我联系实验，亲自批改我的病历报告，对我的论文更是不厌其烦地指导批改。硕士毕业后，您鼓励我克服困难，使我有幸成为三院妇产科第一位博士。我所取得的点滴成绩，都凝聚了您辛勤的汗水。②

图 7-7　1984 年的张丽珠

在 1984 年之前，张丽珠主要在妇科内分泌研究方面完成了如下工作：建立血清生殖激素放射免疫测定，开展 LRH 兴奋实验，开展雌、孕激素受体测定等。同时她还培养了一批研究生，其中一些人得以留院工作。这些工作经验的积累和研究人才的储备为她下一步的试管婴儿工作奠定了良好基础。

---

① 刘又天：我的恩师张丽珠。见:《我的医教人生》。北京：北京大学医学出版社，2008 年。

② 杨池荪：感谢恩师。见:《我的医教人生》。北京：北京大学医学出版社，2008 年。

第八章
开展试管婴儿工作

初识试管婴儿

作为妇产科医师，多年来张丽珠接触了大量不孕不育症患者，对她们的病情了如指掌，对她们的痛苦感同身受，并深知这不仅是一个重要的婚姻和家庭问题，还会因一系列伦理与心理反应引发诸多社会问题，直接关系着人们的身心健康、夫妻感情、家庭和谐乃至全社会的安定团结。而在我国尤其是广大农村地区，国人有限的科学文化水平，加之传统落后思想的阴影，使得不孕不育的责任和过错更多地被加在女方身上，这就使女性患者承受着更深重的压力和痛苦。张丽珠曾在一篇文章中介绍一位湖南妇女的遭遇与感受：

> 一位湖南患者因输卵管阻塞婚后八年不孕，婆母盼孙心切，天天愁眉苦脸，时常痛苦不已，丈夫叹气连天。患者本人像犯了弥天大罪的囚犯被宣判死刑一样痛不欲生，其全家也处于极度苦难之中。（她

在）信中写道："我为这个家哭泣，更哭自己命苦。八年来，每天耳闻目睹老人悲憾的面容，丈夫伤感的目光，亲朋好友怜惜的安慰和不怀好意的咒骂，我就像一个罪孽深重的罪人，忍受着伤心、痛苦、绝望和耻辱……"①

为了在临床上解除这些患者的问题，将她们从水深火热的痛苦之中解救出来，张丽珠在生殖内分泌实验室开展的工作一直关注着国内外的相关研究。试管婴儿技术的出现，让她看到了解决问题的途径。

辅助生殖技术（Assisted Reproductive Technology，ART）是现代生殖医学在高端科技方面的集中体现，指的是代替人类自然生殖过程某一环节或全部环节的现代医学技术手段。关于其内涵及外延，国内外尚存在不少争议，但大家普遍认可，1978 年 7 月 25 日，全球首个试管婴儿路易斯·布朗（Louise Joy Brown）的诞生是现代 ART 发展史上一个具有里程碑意义的事件。

试管婴儿技术即体外受精－胚胎移植（In Vitro Fertilization and Embryo Transfer，IVF–ET）在科技史上有若干先驱，但直到 20 世纪 50 年代，才由华裔科学家张明觉取得了突破性的进展。1947 年，张明觉以冷冻卵子移植的方法培育出了幼兔，并通过实验提出了卵龄和子宫内膜发育必须"同步化"的概念。1951 年，他在实验中发现"精子获能"现象，为哺乳类卵子体外受精成功奠定了理论基础。1959 年，他在英国《自然》杂志发表《兔卵的体外受精》一文②，第

图 8–1　华裔科学家张明觉

① 张丽珠、李传俊、王晨霞：部分不孕症患者的心态分析。《中华医学杂志》，1993 年第 73 卷第 19 期，第 630–631 页。

② Chang MC. Fertilization of Rabbit Ova In Vitro. *Nature*，1959，184（Suppl 7）：466–467。

一次发布了兔子体外受精及随后将胚胎移植到子宫，并顺利产下兔仔的成功案例，结束了生殖生物学界几十年来对哺乳类卵子体外受精能否成功的争论，开创了 IVF–ET 技术。①

此后，该技术很快在畜牧兽医学界得到更深入的研究和推广。妇产科学界也有不少有识之士开始关注，英国剑桥大学的生理学家爱德华兹（Robert Geoffrey Edwards）就是其中的佼佼者之一。他 1960 年开始研究人类的受精问题，1968 年在实验室首次完成人类卵子的体外受精。经过多年艰苦工作，1978 年他终于迎来了路易斯·布朗的诞生，试管婴儿技术正式面世，在国际上引起强烈反响。第二例、第三例、第四例试管婴儿相继在印度、英国和澳大利亚降生。②

图 8–2　1990 年张丽珠访问剑桥时与爱德华兹合影

由于新中国成立后中西之间的交流不畅，我国接触到试管婴儿技术是比较晚的。1972 年 7 月，受我国政府邀请，张明觉随以任之恭、林家翘为团长的美籍中国学者参观团回国访问。1975 年他应邀回国讲学。但当时国内对其科研成就，在 IVF–ET 技术方面主要关注其在兽医领域的应用，在妇产科方面则主要关注其发明的口服避孕药。1978 年他再度归国时，路易斯·布朗已经出生，在国内也有少数人开始关注。因

① 许立言、秦扶一、姚诗煌：哺乳类体外受精的奠基人——张明觉。《中国科技史料》1981 年第 2 期，第 71–76 页。林燕：张明觉先生——著名生殖生理学家。见：上海第二医学院《世界医学》编辑委员会编,《世界医学》第 1 卷第 1–2 期合订本。北京：人民卫生出版社，1984 年，第 312–316 页。张明觉：困学求知回忆录。见：中国人民政治协商会议全国委员会文史资料委员会《文史资料选辑》编辑部编,《文史资料选辑》总第 123 辑。北京：中国文史出版社，1991 年，第 79–86 页。

② 沈东:《生育选择引论——辅助生殖技术的社会学视角》。沈阳：辽宁人民出版社，2011 年，第 66–69 页。

此，9 月 30 日他在中国科学院动物研究所与国内专家座谈时，虽然内容主要还是关于计划生育基础理论以及畜牧生殖生理，但讨论中也简单地涉及试管婴儿：

> 会上有人询问关于试管婴儿的具体情况。张明觉教授谈到英国这方面工作在 1969 年获得成功。其方法是先给妇女注射促滤泡激素使母体卵巢形成多滤泡，然后再注射绒毛膜促性腺素促进排卵。此时在腹腔注入大量二氧化碳使腹部膨胀，腹部就此变薄，使用腹腔镜，在见到有卵子的部位切一小口取出卵子，然后将卵子与精子一起培养（精子必须先在体外用牛血清白蛋白培养获能），受精后移植至母体。这种工作虽然在 1970 年曾发表过受精卵在体外可培养到胚泡期，但移植工作直到去年才见有成功的报道。工作中最难掌握的是移植时妇女子宫成熟期的同步问题。①

虽然有了这些介绍，不过当时国内限于条件，并没能很快启动相关工作。如前文所述，张丽珠此时已经意识到腹腔镜今后在妇科临床上的重要性，开始想办法开展相关工作，但她尚未特意关注试管婴儿技术，如她曾对记者说：

> 其实我 1980 年、1982 年出国比较多，到外边主要的我们是做计划生育，怎么避孕、怎么做人工流产、怎么妇女保健，到那儿去宣传我们中国做的这些工作的成绩，以及中国妇女在保健事业上起着什么作用。当时外国（试管婴儿技术）实际上很成功了，可是我对这个工作不感兴趣，我完全可以到他们那学，我没有学。②

---

① 蒋领根：生殖生物学家张明觉教授座谈纪要。《生理科学进展》，1979 年 10 卷 3 期，第 284−285 页。

② 张丽珠——神州试管婴儿之母。见：腾讯新闻频道编，《大师访谈录》。长沙：湖南人民出版社，2010 年，第 123 页。

但随着试管婴儿技术的影响越来越大，张丽珠意识到了这一技术在临床上对病患的巨大价值以及在研究上的广阔前景。因此一方面她在国外考察时开始注意相关技术[①]，另一方面开始积极搜集相关文献资料：

> 我院妇产科张丽珠教授1984年根据一盘英文磁带录音，整理、综合，有远见地提出了在中国进行体外受精、胚胎移植的研究工作。[②]

搜集资料的工作当然远比这要复杂、困难得多，张丽珠曾经依靠“翻阅一些兽医的书”[③]来了解IVF-ET。更复杂的是，对于开展这方面的工作，当时国内除了缺少技术、设备、资源的支撑外，还存在思想上的认识误区。当时国内对计划生育的认识正在转向强调生育越少越好，很多地方都制定了严厉的惩罚措施，因此妇产科学界很多人对不孕不育的治疗不够重视。这一偏见直到20世纪80年代末才得以有所纠正：

> 在我国不孕症患者很多，给妇女本人及其家庭带来诸多痛苦。但在相当一段时间里，由于不正确地理解计划生育，忽视了不孕症的调查研究和临床诊断治疗工作。[④]

虽然有这样的反对声音，但张丽珠还是不忍心放着可能的技术手段不去开发，却坐视不孕症患者在痛苦中煎熬。于是，在这样不利的内外部环境下，出于作为医师治病救人的责任感和作为母亲将心比心的悲悯情怀，张丽珠于1982年决定开展试管婴儿的研究工作，此后几年一直将大量精力放在这一研究上。期间有外国专家应国家有关部门邀请来到北京，给十几

---

① 张丽珠：计划生育、妇幼保健考察报告。《中华妇产科杂志》，1983年18卷2期，第121-123页。

② 滕书瑶：充分利用进口书刊资源，为医疗、教学、科研服务。见：杭志高、陶慰宗主编，《进口图书采访论文集》。国际文化出版公司，1991年，第310-313页。

③ 张丽珠——神州试管婴儿之母。见：腾讯新闻频道编，《大师访谈录》。长沙：湖南人民出版社，2010年，第123页。

④ 郎景和、吴葆桢：要重视不孕症的诊断和治疗。《中华妇产科杂志》，1989年第4期，第194-197页。

对中国年轻夫妇行 IVF-ET，竟无一例成功。有两位美国专家带了全套医疗器械应邀在广州做了 15 例也全部失败。1985 年以后中国的台湾和香港有首例试管婴儿成功的报道，但也都是由有经验的外国专家帮助搞成的。这些都没能动摇张丽珠开展自主研究的决心。

自 主 研 究

在了解了关于 IVF-ET 的基础知识后，张丽珠就组织妇产科的同事和研究生们，与北医基础医学院组织胚胎教研室一起开展相关的研究。一开始，条件是非常艰苦的，没有科研经费，缺少仪器设备。当年的硕士生刘平后来对记者说：

> 就在一间不足 10 平方米的小屋里，我们就做起试管婴儿实验来了。当时，楼上正施工，二楼走廊里还堆放着施工用料和杂物……不怕你笑话，取了卵缺少个恒温箱，我就怀揣着装有卵泡液的保温瓶，从产科一路小跑到组织胚胎室。①

就这样白手起家，张丽珠和大家一起惨淡经营、步步前进。详细来说，IVF-ET 要经过以下步骤：①刺激排卵。向妇女提供促排卵药物，刺激其卵泡生长；②取卵。当时国外一般是使用腹腔镜取卵；③体外受精；④胚胎培养；⑤胚胎移植。步骤是清晰的，但实际操作起来却并不是那么简单。

第一个难关是取卵。IVF-ET 技术出现后，也有外国专家来中国推广，并先后在台湾、香港顺利取得成功②。但他们在北京、广州等地连续做了十

---

① 邢远翔：她在生命科学的路上攀登——记试管婴儿专家张丽珠。见：华夏妇女文化发展中心编，《中华妇女风采录》。成都：四川人民出版社，1994 年，第 788-801 页。

② 台湾首例试管婴儿诞生于 1985 年 4 月 16 日，香港则为 1986 年 11 月。

多例，却无一成功。令他们感到困惑的是，居然找不到卵子！[①]根据之前的经验和调查，张丽珠找到了问题的根源，抓住了在国内开展 IVF-ET 与国外的一个重要不同之处：

> 她（张丽珠）说难度大是因为中国人没有孩子跟西方人没有孩子的原因不一样，西方人没有孩子是因为她不愿意，她愿意把自己的事业先确立了，然后等到确立这些事以后，年纪大了，不容易怀了……它是一种正常生理的过程，但是国内的人有病理的原因，有好多是年轻的时候不能生，因为她得过结核，就有阻塞，经常是因为输卵管堵塞。所以先要给她们治病，然后才能做这个。[②]

找到了症结所在，张丽珠在技术上采取了一些创新，改腹腔镜取卵为开腹取卵。据张丽珠总结："多年来在国际范围内大都沿用了腹腔镜取卵方法……我们最初采用开腹取卵同时手术治疗盆腔病，患者一半以上有全身结核病史，有 30.3% 经病理证实为输卵管结核，腹腔镜取卵会遇到较大困难。"[③]有位记者复原了当时的工作情况：

> 张丽珠发现，当时国外都用腹腔镜取卵，把镜子伸到腹腔里，就可看见卵巢的表面，找出卵泡在哪儿，然后吸出卵泡液取卵。而根据张丽珠曾经做过的调查，大多数中国妇女不孕的原因，除了月经不调之外，最主要的就是女方输卵管不通，而这些输卵管不通的病人，又大多是由结核引起的。结核产生的粘连挡住了卵巢，这样一来，就看不见卵子了。
>
> 这就是外国专家在腹腔镜内看不到中国妇女的卵子的原因。看来，洋技术在中国遇到了水土不服的问题。经过一番思考，张丽珠决

① 牛牛：中国当代科技送子观音——张丽珠身后诞生数万试管婴儿。《恋爱婚姻家庭（纪实）》，2010 年第 1 期，第 28-30 页。

② 唐昭华访谈，2014 年 1 月 2 日。资料存于采集工程数据库。

③ 张丽珠：早期胚胎的保护、保存和发育研究。见：中华人民共和国卫生部科技司编，《"七五"国家医学科技攻关研究进展（1986-1990）》。1991 年，第 833-835 页。

定，根据国人的体质情况，放弃腹腔镜取卵的方法，采用土方法：开腹取卵。

可是，卵子长得什么样？包裹卵子的卵泡又长得什么样？均无医学资料记载。为了认识卵子的基本形态，张丽珠找到胚胎学家帮忙，她第一次看到了动物卵细胞分裂和胚胎形成过程。

张丽珠采取边治病边取卵的策略，即使取不到卵也能给患者治病，这样她就获得了患者的支持。

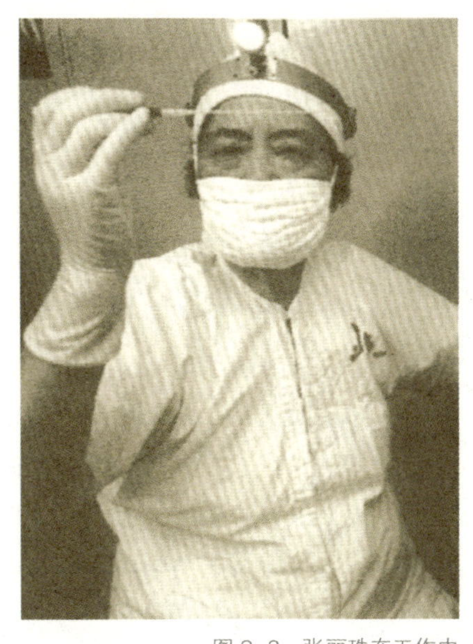

图 8-3　张丽珠在工作中

开腹取卵的过程大致是这样的：她在给患者治疗盆腔疾病、打开腹腔的同时，把手伸进去，尝试着摸到卵巢，然后再找卵泡，找准后再用针扎，将卵泡液取出来……整个操作过程完全凭感觉。

由于卵子很娇嫩，存活期很短，取出卵泡液后，就需要在极短的时间内取出卵子。取出卵泡液后，张丽珠便将试管装进一个送饭用的保温桶里头，然后从医院的手术室，通过北医的操场，一路小跑来到教学楼二楼组织胚胎教研组，由胚胎学家在显微镜下寻找卵子。可是，气喘吁吁的她一次次失望了。终于有一天，组织胚胎教研组的人兴奋地告诉她，找到了，找到了！

当时的科研条件之差，是今天的人们难以想象到的。取卵用的针，是特制的。用久之后，针头磨秃了，由于国内买不到，没办法，张丽珠只好找到街头的钟表匠，重新磨好了针头。就是在这样的条件下，张丽珠却迎难而上，最终取得了成功。与其说是她的土方法战胜了洋仪器，倒不如说她付出了比别人更多的耐心和汗水！①

① 牛牛：中国当代科技送子观音——张丽珠身后诞生数万试管婴儿。《恋爱婚姻家庭（纪实）》，2010 年第 1 期，第 28-30 页。

就这样，到 1984 年，张丽珠和同事们解决了取卵问题。这在初期是一个难关，现在的人们已经很难体会当时的困难和张丽珠她们所付出的努力。在成功地取得卵子之后，由于当时尚不具备冷冻卵子的技术条件，唯一的选择便是立即进行体外受精试验，把卵子和精子放在一起让它们自然结合，当受精卵分裂时就成为一个胚胎。这一阶段看似简单，其实也并不容易。刘平回忆说：

> 你知道吗？有时一两个月我们做二三十个，却一个也不成，可又找不出原因，因为每个环节、每个细节我们已尽了最大努力，加倍提高了保险系数。为了把握性大些、再大些，一个试管我们要冲洗上百遍，蒸馏水洗了再用超纯水冲，就怕重复使用的管子里有什么杂物，使卵子经过时带入培养液里去，可就是一次次地失败。有时我心里毛得待不下去了，没想到搞试管婴儿这样难。那段时间，大家火全都挺大。张教授也急，她是课题总负责人，可她却常说："这件事干成必须要有毅力。"现在回过头来看，多亏她带领我们咬着牙坚持下来了。其实，当时她完全可以说中国没条件，退下来。但那不是张教授的性格。①

经过一年多不懈的努力，到 1985 年 9 月，张丽珠她们终于在北京医科大学②基础实验室里第一次获得人卵体外受精和受精卵分裂成功，成功培养出人类胚胎。这件事经媒体报道后，在国内引起了很大反响，充分引起了人们的好奇心与热情。随之而来的，有期待，但也有批评。很快，张丽珠就听到了反对开展试管婴儿研究的声音。

有人说："我们国家人口这么多，干吗还要搞试管婴儿啊？"甚至指责张丽珠与国家计划生育政策对着干。这又是与国外不同之处。路易斯·布朗出生后，国外的报纸批评也很多，但一般是从伦理角度，指责爱德华兹等人"扮演了上帝"，又一次"打开了潘多拉的盒子"，甚至指责布朗为

---

① 邢远翔：《她在生命科学的路上攀登——记试管婴儿专家张丽珠》。见：华夏妇女文化发展中心编，《中华妇女风采录》。成都：四川人民出版社，1994 年，第 788–801 页。

② 1985 年 5 月 14 日，经卫生部批准，北京医学院改名为北京医科大学。

“魔鬼的造物”、“弗兰肯斯坦之子”[①]。但在中国，批评的声音是基于计划生育政策来的。

其实这种批评是缺少人性的。中国人口再多，也根本不是那些患有不孕症的夫妇们的错，怎么能以人多为理由，剥夺她们对于生儿育女的最后一线希望呢？这些人狭隘、偏激地理解和执行计划生育政策，根本不顾忌他们评判针对的对象是活生生的人。但张丽珠对这些批评是认真的，她查询了有关法律知识，认为自己的研究并不违反政策，而作为一名医生，满足患者的需求是她的天职。

成功培育出体外受精胚胎后，接下来需要将受精胚胎移植到患者的子宫内，这是整个试管婴儿技术过程中最关键也是最难的一步。1986 年 10 月，这项研究得到认可，被列为国家“七五”攻关项目，题为“优生——早期胚胎的保护、保存和发育的研究”，承担单位一共有三家：北京医科大学、湖南医科大学、中国医学科学院（协和医科大学）。三家签订的协议中规定临床妊娠为成功[②]。张丽珠回忆说：

> 基金一共就 10 万块钱，三家医院一家大概 3 万，大家互通有无，可是不是说都按照一个计划做，你有你的计划，三家有不同的计划。结果我们是第一个成功的。[③]

成功的得来并不是那么容易的。1986 年，张丽珠和北医组织胚胎教研室的刘斌副教授等人经过努力，使体外受精和胚胎培养的成功率达到了 85% 以上，但接下来的胚胎移植却接连失败。面对同事的焦虑和外界的怀疑，张丽珠却一直保持着平和的心态。毕竟，当初爱德华兹做试管婴儿试验，直到第 41 例才出现阳性的妊娠反应，结果一查，竟然是一个宫外孕！

---

① 沈东:《生育选择引论——辅助生殖技术的社会学视角》。沈阳：辽宁人民出版社，2011 年，第 68 页。

② 临床妊娠的定义是：末次月经后第 7–8 周，B 超下可见子宫内胎囊、胎芽及原始心脏搏动，即有生命现象。

③ 张丽珠——神州试管婴儿之母。见：腾讯新闻频道编,《大师访谈录》。长沙：湖南人民出版社，2010 年，第 123 页。

一直做到 102 例才真正成功。张丽珠很清楚这其中的难度，胚胎移植成功与否，不仅仅是技术问题，还与胚胎的质量好坏、移植之后子宫内膜能否接受等方面都有关系。而这些问题，国内尚无可以借鉴的先例，国外却早已有了成熟的经验。

张丽珠决定去国外相关机构考察学习。1986 年 8 月，她带着两名同事飞赴美国洛杉矶的“试管婴儿中心”学习相关技术。在美期间，她访问了多个试管婴儿中心，包括美国首例试管婴儿的诞生地东弗吉尼亚医学院琼斯生育药物研究所（Jones Institute of Repreoductive Medicine），虚心向国外专家请教采卵与胚胎移植技术。回国后，她利用带回来的一些实验设备改进了实验技术，继续开展工作。

从 1986 开始进行的胚胎移植工作先后失败了 12 次。1987 年 6 月，张丽珠迎来了第 13 位受试者——来自甘肃礼县的乡村小学教师郑桂珍。郑家中四代单传，为延续香火，父母给她找了一个倒插门的小伙子。但因为输卵管阻塞，结婚 20 年来饱尝无法生育之苦。等她找到张丽珠求医的时

图 8-4　1986 年 8 月，张丽珠抵达洛杉矶留影

图 8-5　1986 年 9 月，张丽珠在美国 Norfolk 东弗吉尼亚医学院琼斯生育药物研究所和 Jones 夫妇（Horward Jones Jr，Georgeanna Seegar Jones，右 1 和右 2）合影。美国首例试管婴儿于 1981 年 11 月在此出生

候，已经 38 岁。

经过初步检查，张丽珠发现，郑桂珍的卵不多，质量也不好，子宫内膜的条件也不太好。最适宜的怀孕年龄，在 25 岁到 30 岁之间。之前的 12 例胚胎移植手术，很多母亲自身条件很好，都没有成功。因此，张丽珠并不看好郑桂珍。可是，在郑桂珍夫妇的再三恳求下，张丽珠还是决定试一试。

6 月 24 日，张丽珠给郑桂珍做了开腹手术，取得 4 个卵子；

6 月 25 日，这 4 个卵子受精成功，并分裂出了 4—8 个细胞；

6 月 26 日，为稳妥起见，张丽珠把这 4 个胚胎全部“种”到了郑桂珍的子宫内；

7 月 10 日，与之前的 12 例不同，郑桂珍出现了早孕反应。随后，其中的 3 个胚胎自然萎缩，剩下的那个胚胎开始正常发育。

终于看到了成功的曙光，大家稍感意外，但更多的是惊喜。张丽珠自己也说：

> 孕育生命，实在是一件复杂而神奇的事……说实话，我并不知道这一次能够成功，虽然每一次，我都尽了百分之百的努力。①

胚胎移植成功后，郑桂珍就留在了北京，住在三院附近一处农户家里，以方便与医院随时观察、照顾。随着预产期的临近，考虑到产妇年龄过大，为了防止合并症，加上胎儿非常宝贵，张丽珠决定亲自给她实施剖宫产手术。

1988 年 3 月 10 日，北医三院妇产科产房外围满了闻讯而来的媒体记者。8 时 56 分，人们终于等到了期待已久的新生婴儿啼哭声。手术室内，张丽珠亲手拭净了新生儿身上的污物，检查无异常后，微笑着抱起了这个孩子，并深情地低头凝视这个新生命。这是个女孩，她的父母为她取的名

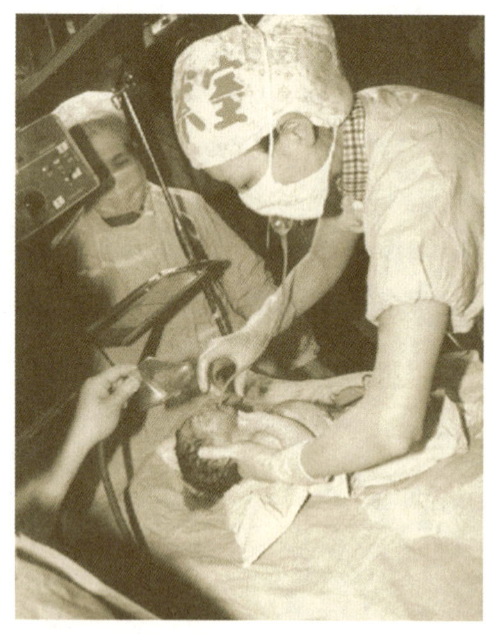

图 8-6 1988 年 3 月 10 日，首例试管婴儿出生

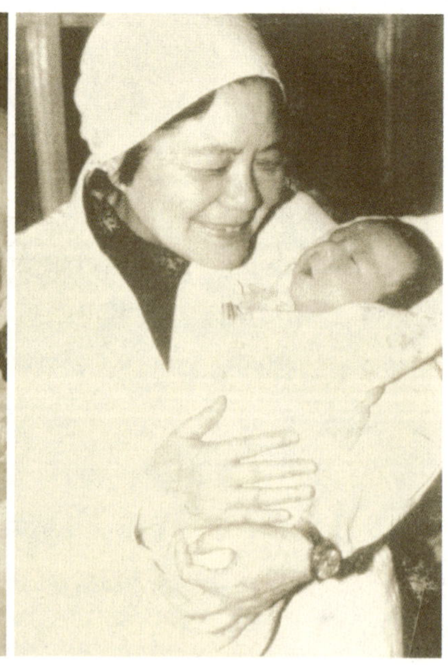

图 8-7 张丽珠与首例试管婴儿

① 牛牛：中国当代科技送子观音——张丽珠身后诞生数万试管婴儿。《恋爱婚姻家庭（纪实）》，2010 年第 1 期，第 28-30 页。

字叫“郑萌珠”，既含有初次、第一例的意思，又表示对张丽珠的感谢。

走出手术室，中央电视台的记者提问说：“张教授，我国为什么要进行试管婴儿的研究？”张丽珠回答道：

> 试管婴儿的工作并不是只多生几个孩子的问题，它有深远的科学意义，而且它代表一个国家或者某一个地区的科学技术水平。我们这个试管婴儿成功，它可以带动很多的研究，比如说，我们对于生殖医学、生殖过程更深入的了解，而且对于遗传学、免疫学，还有早期胚胎学都可以带动起来。这样的话，我们可以进一步为计划生育和优生学服务，所以它的意义是很大的。当然，对于不孕症的妇女来说，这也是一个治疗措施。①

萌珠的诞生，标志着北医三院已经掌握了 IVF-ET 的整套流程，这填补了国内的空白。1988 年 7 月 15 日，卫生部组织专家对张丽珠等人承担的试管婴儿项目进行了鉴定评估：

> 参加鉴定会的专家们指出，大陆试管婴儿的降生，是我国近代医学技术应用于临床的重大突破，其意义不仅限于为某些不孕妇女提供了生育后代的可能性，更标志着我国基础医学和临床医学达到了先进水平。专家们对两位科研主持人的严肃求实态度给予了较高的评价；对他们立足国内条件，因地制宜，克服物质条件上的困难，设计出适合于我国应用的仪器和其他有关设备的创造精神表示赞赏。专家们一致认为，北医大张丽珠教授、刘斌副教授在同事们协助下取得这项成果，具有国内领先水平。②

---

① 刘晓军：我国第一个试管婴儿诞生。见：汪苏华、曹华民主编，《中外电视新闻佳作赏析》。北京：中国广播电视出版社，1998 年，第 183-185 页。

② 孙敬尧：北医大试管婴儿成果通过鉴定——专家评价该成果国内领先。《健康报》，1988 年 7 月 16 日第 2815 期。

但对于 67 岁的张丽珠来说，这远不是终点，而是新事业的开端。为了更好地为患者服务，推动相关领域的研究，她还有很多工作要做。

前沿无止境

1988 年首例试管婴儿成功后，张丽珠并未停手，而是继续开展相关研究，并先后取得一系列成果。1989 年底她越过了腹腔镜取卵，采用了 B 超下一根针从阴道取卵，在边上的屏幕可见到子宫和卵巢，转动探头，可见到卵巢的卵泡，送入针导，对准卵泡穿刺，负压吸取卵泡液，卵泡液进入试管。这种方法创伤最小，并可重复进行，因此之后就被列为常规取卵法。

首例配子输卵管内移植婴儿

郑萌珠诞生 8 天后，也就是 1988 年 3 月 18 日，国内首例配子输卵管内移植婴儿（GIFT，gamete intra fallopian transfer）在北医三院诞生。《健康报》对此有详细报道：

> 产妇是位结婚 7 年患原发性不孕症的北京女工，今年 33 岁。1987 年 7 月 2 日，她在北医大三院接受了配子输卵管内移植术。7 月 12 日检查，尿妊娠反应呈阳性。8 月 3 日"B 超"检查见到胎囊、胎芽及胎心搏动，表明临床妊娠成功。
>
> 配子输卵管内移植术是"试管婴儿"派生的一种新方法。它们之间的区别是：试管婴儿主要是解决有排卵能力而输卵管堵塞的不孕症；配子输卵管内移植法则适用于患子宫内膜异位症、严重宫颈疾患及不明原因而输卵管完好的不孕症，它是将手术取出的卵子连同已经处理的其丈夫的精子一起注入输卵管壶腹部，待卵子在输卵管内受精后移向子宫着床。配子输卵管内移植法由于授精、着床都在体内，因而更

利于胎儿的生长发育。

> 刚刚为这位女工做完剖宫产手术的张丽珠教授告诉记者，配子输卵管内移植的英文名称叫 GIFT，是配子、输卵管内、移植这 3 个词的英文字头缩写。这一缩写正好是英文“礼物”的意思。用这种方法生出的婴儿，可以说是医生送给母亲的一件“礼物”。①

这项成果于 1988 年获北京市科技进步一等奖。

首例赠卵试管婴儿

虽然试管婴儿技术使众多不孕者看到了希望，但还是有很多患者由于年龄或体制原因导致无卵子或卵子不可用。为帮助这些患者解决问题，张丽珠引入了赠卵方式。1991 年，她采用赠卵使一位因染色体异常、自身卵细胞不可用而屡次怀孕失败的患者有了自己的孩子，由此，中国内地首例赠卵试管婴儿于 1992 年出生。当时的《人民日报》报道说：

> 我国大陆首例赠卵试管婴儿于 6 月 12 日诞生。这名健康男婴体重 3525 克，身长 52 厘米，已于近日出院。去年 10 月，男孩的母亲在北京医科大学第三临床医学院妇产科用别人赠送的卵子和自己丈夫的精液，通过体外受精——胚胎移植的办法妊娠成功，这是在这所医院诞生的第 33 个试管婴儿。②

首例冻融胚胎试管婴儿

1995 年，在张丽珠主持下，我国内地首例冻融胚胎移植成功。当时的《中国年鉴》详细记述了来龙去脉：

---

① 孙敬尧：首例配子输卵管内移植男婴在北医三院诞生。《健康报》，1988 年 3 月 19 日第 2747 期。

② 佚名：我国首例赠卵试管婴儿诞生。《人民日报》，1992 年 7 月 14 日第 1 版。

1995年2月6日上午9时5分，在北京医科大学第三附属医院的产科手术室里，著名妇产科专家张丽珠教授和她的助手，欣喜地迎来了他们缔造的第81个试管生命。与12亿同胞不同的是，这位小姑娘在人之初曾有过一个月的 −7℃至 −19℃的低温生活经历。她是中国大陆地域的首例“冻融胚胎移植试管婴儿”。

据介绍，孩子母亲因患染色体核型异常45XO特纳氏综合征（正常女性为46XX）而先天无卵巢，只有子宫及阴道。结婚后又发现丈夫患无精症。可是，他们二人都希望有个孩子。

去年5月25日，6个冻融胚胎顺利地移入患者子宫，6月9日即出现妊娠反应阳性，怀孕6周做阴道B型超声检查，发现孕妇子宫内出现一个胎囊和胚芽，还有搏动的原始心脏，怀孕24周时B超证实胎儿一切正常，最后经剖腹产娩出这个健康婴儿。

据张丽珠介绍，自1988年3月10日中国首例试管婴儿诞生，先后80例试管婴儿都是由新鲜胚胎植入子宫成活的。尽管操作程序复杂和制约因素多，六七年来这项技术的妊娠成功率仍已从6%提高到26%。用胚胎冷冻贮存的办法来完成试管婴儿的移植，可以简化取卵和体外受精等的技术操作，提高不孕症患者妊娠成功率。

冻融技术是把志愿者捐献的新鲜卵子和精子在试管受精生成胚胎，在胚胎细胞分裂过程中，用人工方法使胚胎逐渐进入低温状态，最后达到 −19℃的低温予以冷藏。需用时再以特殊配制的融解剂，使冻胚胎解冻。解冻的胚胎经清洗，洗净融解剂才能移植至受孕者的子宫。据报道，1985年第一例“冻融胚胎移植试管婴儿”在英国诞生，至今在全世界已超过100例。近年，美、英、日等发达国家建立了不少类似的研究中心，研究成果不断问世。目前国际上普遍认为这项技术是人类生殖医学工程上的重大进步。以这个跨越为基础，冻融技术可以推广至细胞组织和器官的移植上，并产生巨大的突破。此外，这项技术在早期胚胎和遗传研究上也有重大理论价值，对优生学研究将有重要推动作用。

尽管“冻融胚胎移植”是一项引进技术，但张丽珠教授仍指出，在这项高科技领域中，我们使用的方法没有生搬硬套，而是创造了适合国情条件的独特“土”方法。其中使用的生物化学方法并不多，“人”的技术含量比例却相当大。①

首例代孕婴儿及相关伦理问题

仍是在张丽珠主持下，我国首例“代孕母亲”试管婴儿于1996年在北医三院出生。她认为适用代孕的病患指征是：患者多次人流后，前一次妊娠5个月时子宫破裂而不能承受再次妊娠负担；已行绝育；或结核性宫腔粘连；或先天性无子宫；或子宫体腺癌截除了子宫。

虽然有严格限制，但代孕还是在国内引发了激烈的争论。赞成者认为代孕为那些妻子患有肾盆疾病或做过子宫切除手术，或者怀孕会严重影响其健康和生命的夫妇带来了为人父母的希望，是人道的，不应禁止。反对者则认为，国内的代孕多数是商业性的，与人类辅助生殖技术系慈善性、福利性医疗行为的本质不符；即使是无偿的人道主义行为，也会产生很多法律伦理问题，并且可能会破坏我国的计划生育。2001年2月20日，国家卫生部颁布了《人类辅助生殖技术管理办法》(自2001年8月1日起施行)，其中第3条规定“医疗机构和医务人员不得实施任何形式的代孕技术”，从而代孕在我国将被全面禁止。②

其实张丽珠早就注意到了试管婴儿技术发展中的伦理问题，早在开展冻融胚胎研究时，接受治疗的患者是一位患有先天性无卵巢无月经的妇女，其丈夫又患有无精症。这一技术面世后震惊了社会。由于好奇，媒体不断地要求会见患者，对这一举动，张丽珠表示出坚决的反对。因此有人猜测其中必有隐情。面对人们的误解和质疑，张丽珠指出：一些人不懂得希波克拉底誓言中的深刻含义——医生除了无私地为病人进行诊治外，还

① 中华年鉴编辑部:《中国年鉴1996》。北京：中国年鉴社，1996年，第497页。

② 徐继响、杨文心：论代孕的合理使用及其法律调控。《科技与法律》，2003年第3期，第81-85页。

要尽量保障病人的隐私权。

由于能接触到各种有难言之隐的病人，对她们的痛苦有切身感受，张丽珠认为《人类辅助生殖技术管理办法》中的规定过于笼统、不近人情了，并在不同场合呼吁对此加以改进。有媒体曾经报道：

2004年，被称为“中国试管婴儿之母”的张丽珠已退休在家，她收到一群不育患者寄来的联名信，其中有一段写道：“现代医学允许捐肝、捐肾、捐精，为什么就不允许捐卵和代孕呢？再好的科学技术不造福人类，又有什么用呢？”对这些家庭来说，无法生育的痛苦始终像块巨石结结实实地压在他们胸口。

两年前，在杭州召开的第一届中华医学会生殖医学分会上，张丽珠公布了这封信，引起了会上许多专家的讨论。

最后由专家组提出的建议是：代孕不宜一律禁止，而应严加限制。在制定好相关法律的同时，可以由卫生部授权个别高水平的医学院附属医院成立代孕小组；实施代孕之前，由伦理委员会审议，并向卫生部指定机构申请。“这样既可以防止代孕泛滥和倒卖卵子，也可以为那些不幸的患者带来生活的希望。”张丽珠说，“伦理和人类的幸福都要兼顾。”①

但这一方案并未得到有关部门的反馈。而且不止禁止代孕，2002年国家卫生部又出台了限制赠卵的规定，凡是需要借助他人卵子受孕的，其卵子只能取自其他做试管婴儿者多余的卵子。但事实上，很多做试管婴儿的人并不愿意把卵子捐给别人。面对这种局面，一边是法律法规，一边是患者，张丽珠心情非常矛盾，她曾对媒体说：

我记得很清楚，当年一个校医务室的大夫，原来生活很美满，儿子在上大学的年纪不幸遇车祸死亡了。她非常痛苦，很想再生一个，

① 佚名：谁才是孩子的母亲。《民风》，2009年第4期第5页。

可自己已经四十多岁了，就采取接受赠卵的办法又生了一个孩子。我们做的六例代孕试管婴儿，全是子宫腔粘连、先天性无子宫或后天子宫被摘除的情况，代孕技术对他们就非常有意义。①

尽管如此，张丽珠也意识到赠卵和代孕中存在血统问题、伦理问题和商业化问题等无法回避的难题：

有特别需要的，过去赠卵也做过，代孕也做过，这些卫生部都说不许做，真要做还得特别去申请，我是觉得不应该一刀切，可是不能随便做。像国外这种情况不愿意肚子大，让别人替怀孕，这种情况不允许发生。听说校园里还有，说自己可以赠卵、自己可以代孕，这种情况不易滥用，要很好的管理起来，要不会出很多问题，社会问题、伦理学问题、法律问题到后来都很难弄，所以预防为主。②

虽然对“一刀切”的管理方式颇有微词，但张丽珠还是遵照国家有关规定，回绝了病人的请求。

研究拓展与人才培养

张丽珠从 1959 年起开始指导北医三院妇产科第一批研究生，“文化大革命”后又于 1978 年开始恢复招收硕士生，1984 年被评为博士生导师，直到退休她一共带出了 18 位硕士、博士研究生。这些学生当中，有些成为奋斗在一线的优秀医师，有的继续埋头在实验室中研究生殖医学，也有些已经走上医院的领导岗位，大都继续坚守着医学事业，继承了老师的操守和志业。

20 世纪 80 年代以来，张丽珠带领科室同仁及研究生将主要精力集中

① 颜菁：试管婴儿的故事。《北京青年报》，2008 年 3 月 13 日 D4 版。

② 晓虹：张丽珠——神州试管婴儿之母。见：腾讯新闻频道编，《大师访谈录》。长沙：湖南人民出版社，2010 年。

在“试管婴儿”相关的实验及临床研究上。直到退休，除进行人体外受精、胚胎移植临床工作外，她还领导就生殖内分泌问题开展了多层次多方面的理论研究：

> 其中酶免疫测定尿LH结合超声预测排卵及其临床应用；促超排卵周期的卵泡发育及促超排卵周期卵泡抽吸后的黄体功能的研究，在国内均为领先开展，富有实际临床应用价值的研究成果。继而亦相继完成受精过程中精卵识别，透明带表面结构及Lectin受体超微结构变化、卵泡发育类型和黄体功能关系的探讨，体外培养未成熟卵到成熟卵，观察体外卵母细胞的成熟与凋亡、促超排卵周期表皮生长因子对人卵泡发育的调节、促超排卵周期胰岛素样生长因子-1对人卵泡发育的调控、子宫内膜局部免疫机理、内膜T细胞亚群、穿孔素及抗心磷脂抗体的测定等研究。①

对于研究所取得的成果，张丽珠做过总结：

> 这些年来，我们做了以下工作：
>
> （1）在盆腔手术的同时取卵，发现国内北方地区1/3输卵管不通是由结核感染引起，经病理检查证实。盆腔内粘连重，卵巢表面不能暴露，按当时的腹腔镜取卵是不顺利的。
>
> （2）检测卵泡发育主要依靠连续B超，省略了每日取血测E_2水平。发现血E_2水平和卵泡直径≥10mm的卵泡数和大小呈正相关。简化了手续。
>
> （3）通过腹腔镜观察，认识了卵泡的发育和黄素化未破裂卵泡综合征（Luteinized Unruptured Follicle Syndrome，LUFS）和黄体功能不足（Luteal Defect）的关系。
>
> （4）预测对促超排卵药物的高、中、低的卵巢反应和月经周期第

① 贾建文、侯宽永：《北京医科大学第三医院的四十年》。北京：北京医科大学、中国协和医科大学联合出版社，1998年，第1版，第107页。

三天基础卵泡数和基础 FSH、LH、E2 的关系。

（5）子宫内膜异位症的药物治疗和助孕方法的疗效及 GnRHa 的作用探讨。

（6）未成熟卵在体外发育的过程：在适当的条件下达到成熟，及其冷冻储存，为建立卵子库打下基础。未成熟卵来自不同来源：

A. 手术取出卵巢或卵巢组织标本，从 4—10mm 卵泡中抽出未成熟卵；

B. 胎儿卵巢中获得窦前卵泡；

C. 从 IVF-ET 工作抽出的卵泡液中发现多个窦前卵泡，是一新的来源。

（7）对胚胎着床免疫学机理的认识：子宫内膜淋巴细胞在正常月经周期及妊娠早期的变化和雌、孕激素的关系；穿孔素（Perforin）的重要作用，抗心磷脂抗体（Anticardiolipin Antibody，ACA）阳性患者前列腺环素（Prostacyclin，PgI_2）和血栓素（Thromboxane，TXA_2）平衡失调致成基底内膜血管栓塞而影响着床。

（8）在 IVF-ET 基础上开展了其他衍生的新技术，首例赠卵试管婴儿于 1992 年 6 月 12 日诞生，首例冻融胚胎试管婴儿于 1995 年 2 月 6 日诞生；首例代孕试管婴儿于 1996 年 9 月 8 日诞生；并且对男性问题不育患者进行了卵母细胞浆内单精子注射；对染色体异常或异常的携带者进行了着床前遗传学诊断。①

这些研究使得北医三院确立了我国生殖内分泌学研究中心之一的地位。2001 年 3 月，张丽珠主编的《临床生殖内分泌与不育症》一书由科学出版社出版，并于 2006 年 4 月出版了第 2 版。

张丽珠不仅在学业方向上给学生们扎扎实实的引导，在学术方法、工作态度、生活态度等各方面都会加以悉心教导，使学生们受益终生。有一位学生在出国后写信给她说：

---

① 张丽珠：试管婴儿工作的回顾和展望。见：张丽珠，《我的医教人生》。北京：北京大学医学出版社，2008 年。

> 84 年我接受您的面试，第一次踏进妇产科的情景历历在目（记得是考我门诊盆腔炎症的病人）。当时的我非常激动、紧张，十分仰慕您，渴望成为您的研究生，希望能像您那样把一生献给妇产科事业。想想我真的很荣幸，能有机会在您、经大夫及其他老专家的指导下，完成研究生学业，并能继续在您的指导下学习、工作。在妇产科难忘的十三年中，有苦、有乐、有笑、有哭、有辛苦，更有收获，让我从一个稚气的大学生成为一名有一定专业知识的妇产科医生。您踏实、认真的工作作风，严谨、科学的逻辑思维，漂亮的英语，令我和其他年轻大夫佩服、羡慕至极，也备受鼓舞和启发；更令我钦佩的是您的敬业精神，敢于挑战困难，不妥协，锲而不舍地对事业执着追求，在现今时代已是十分罕见。您对下级大夫要求非常严格，有时我真觉得有点受不了；但每次回头再看，发现收益的确不小，于是心存十二分感谢。现在到哪儿去找这种严格、认真的导师？我每想到您，都觉得十分幸运，那是一段塑造现在的我，并让我终生受益的经历。①

辛苦奋斗换来的是累累硕果、后继有人。

除了培养研究生，张丽珠还积极采取多种渠道推广试管婴儿技术，以便造福更广大的病患人群，主要方式有：①举办了最早三届关于辅助生殖技术的学习班，将技术传播给全国同行；②参加学术会议，在会议上汇报研究进展，比如：1988 年 5 月 6—9 日，中华医学会妇产科学会第一届全国妇产科内分泌学术交流会在石家庄召开，张丽珠应邀做了关于“体外授精、胚胎移植和配子输卵管内移植”的学术报告；1988 年 12 月 17—22 日，由卫生部和国家计划生育委员会联合召开的全国计划生育技术经验交流会在广州召开，张丽珠应邀报告“胚胎移植、配子输卵管移植”的情况；③撰写研究论文和介绍性科普文章，向业内外人士广泛推介试管婴儿相关知识。

---

① 吴燕：妇产科之恋——妇产科紧张综合征。见：《我的医教人生》。北京：北京大学医学出版社，2008 年。

医心精诚

1988 年 3 月 10 日我国大陆第一例试管婴儿诞生后，随着媒体的报道，国内反响强烈，广大不孕不育患者看到了一线曙光，询医问病的咨询信函纷至沓来。截止到 1992 年 9 月，仅张丽珠本人就收到了来自全国各地患者的 6300 封信。她和同事们对来信一一拆阅、分项统计，并进行了科学分析，认识到“中国人的生育伦理观受封建陈旧观念影响较深，并没有随着经济基础的变化而发生转变。不育症患者，特别是女性患者受落后思想的影响和束缚，痛不欲生，处于精神和社会舆论的折磨之中。家庭是社会的一单元，家庭不和睦，社会也不安宁”[①]。基于这一点，张丽珠产生了强烈的责任感，努力争取为更多的患者解除痛苦、带去幸福。1993 年的一封洋溢着幸福和感恩的患者来信更加坚定了她的这种信念：

北医三院的医生、护士：

在我们的儿子京京满月之际，我们怀着无比激动和喜悦的心情，向成功地为我们进行试管婴儿试验的教授、专家和医护人员报喜。2 月 18 日，京京在剖腹产后顺利地降临到这个世界，体重 3800 克。是您们精湛的技艺、崇高的医德和无私的爱心，使我和妻子结束了“十年怀胎”的艰辛历程，给了我们一个完整的家庭，使我们能够享受到与正常人相同而又不同的那份幸福。我们在千里之外的滨江之城，向您们表示衷心的感谢和崇高的敬意！

一位朋友赠给我们一句吉言：“十年怀胎喜得贵子，百年之子永结同心”。的确，为了这一天，我们整整搏斗了 10 年，然而，就在蜜月刚刚度过不久的一个夜晚，妻子突然因宫外孕输卵管破裂大出血被送进医院生命垂危。之后，妻子多次习惯性宫外孕，次次大出血，晕

① 张丽珠、李传俊、王晨霞：部分不孕症患者的心态分析。《中华医学杂志》，1993 年第 73 卷第 19 期，第 630-631 页。

厥、休克，艰难地挣扎在死亡线上，她多次在黄石最好的医院请最高明的医生做过输卵管吻合术，1988 年还到武汉做了显微外科输卵管吻合术，但是每次都是在我们充满无限的希望之中失败了。希望与痛苦汇成了我们这 10 年生活的主题。

去年 2 月，我们在几乎绝望的情况下，怀着最后一线希望，慕名来到北京医科大学附属第三医院妇产科。张丽珠教授、李美芝教授、陈贵安副教授和妇产科的医护人员热情地接待了我们。在治疗期间，我们精神上得到了安慰，生活上得到了悉心照顾，经过两次总共半个月的住院治疗，我们终于看到了等待 10 年之久的希望之光——妻子终于成功地怀孕了。我们禁不住要送上礼品聊表谢意，可他们婉言谢绝。

今年的早春 2 月，我们终于幸福地有了一个活泼可爱的男孩。

孩子出世后，我们的父母、兄弟姐妹、亲朋好友和领导同事，都来道喜、祝贺和我们一道分享这份幸福和喜悦，黄石市副市长王远璋同志为小孩起了富有纪念意义的乳名“京京”。我们夫妻给过去和现在的工作单位送去了象征吉祥如意的红鸡蛋，并在京京满月之际，举办了满月晚会，人们尽情地点歌，衷心地祝福，我们在欢乐中陶醉……

“有过多少往事，仿佛就在昨天；有过多少朋友，仿佛还在身边……”歌声，使我想起了过去十年中关心照顾我们的那些好心人，更使我想起了远在北京的白衣战士，是他们赐予了我们幸福，是他们给了我们一个完整的家……千言万语汇成一句话：是他们给了我们生活的信心和希望！

湖北省黄石市政府办公室　杨智

湖北省黄石市中医院　肖瑛[①]

在张丽珠退休之前，北医三院妇产科每年收治不育症患者 250—300

① 杨智、肖瑛：请收下我们的谢意。见：张丽珠,《我的医教人生》。北京：北京大学医学出版社，2008 年。

例，试管婴儿团队一直处于满负荷运转状态，而受孕率也一直稳步上升，逐渐达到世界先进水平。张丽珠曾做过总结：

临床成功的标志是末次月经后6—8周B超见子宫内有胚囊、胎芽及原始心脏搏动。我院临床妊娠成功率逐年增高。

1987—1988年6月（1.5年）：6.4%（5/78）

1988年9月—1991年年底（3年）：16.3%（49/301）

1992年1月—1993年年底（2年）：18.1%（43/237）

1994年上半年：28.6%（26/91）

1994年下半年：20.0%（10/50）

全年为：25.5%（36/141）

成功率受到各种变异因素的影响，如不孕原因，患者年龄，还有药品及试剂来源的不同。活胎分娩例数／体外受精、胚胎移植例数：

1992年：10.48%（11/105）

1993年：11.37%（15/132）

1994年：19.86%（28/141），进入国际先进行列①

试管婴儿方面取得的成绩有目共睹，但这并不是张丽珠临床工作的全部。作为妇产科，科室的日常诊疗工作主要还是面向广大普通产妇和妇科病患。尽管试管婴儿的工作更能吸引眼球，但张丽珠从来也没有因此忽视其他方面的工作。她依然以极大的热忱和精湛的技艺面对每一位来院求医的患者。下面这个故事很好地刻画了张丽珠作为妇产科医生的形象：

今年已届92岁高龄的我国著名妇产科专家张丽珠，曾在1988年精心培育了我国大陆第一例试管婴儿，被尊为我国“试管婴儿之母”。其实，她本是一名妇科肿瘤的专家，成功地挽救过无数癌症患者的生命，我母亲就是1984年由她治愈的。

① 张丽珠：我国大陆“试管婴儿”的研究进展。《生物学通报》，1996年31卷第5期，第1–4页。

母亲和张丽珠教授的缘分

当年，我母亲刚去北医三院时，找不到妇科门诊，便想打听。恰巧看见一位穿白大衣的长者，在年轻人的簇拥下走来，急忙上前询问。没想到老大夫一边用手指着说：“就在这里”，一边又说她也去妇科，让母亲和她同往。

在门诊经过检查，医生发现母亲的病情已经危急，须立即手术。这时正好老大夫又带着学生进来，听门诊医生和学生称呼她张主任，才知道她是我国著名妇产科专家张丽珠！

张教授看了我母亲的诊断，劝我母亲尽快手术。母亲说：“我是个家庭妇女，没什么文化，因为害怕，手术已经拖了多年”。张教授立即说：“不要害怕，我来给你手术。”一旁的医生告诉母亲：张教授是专门医治妇科肿瘤的权威，有着丰富的临床经验，想请她治病的人排成长队……

听了介绍，看到张教授和蔼可亲的样子，特别是见她答应在百忙中亲自为母亲主刀手术时，母亲的恐惧顿时去掉大半。她满怀着对张教授的景仰和敬重，住进了医院。思想简单、缺乏知识的母亲幻想着，做了手术就万事大吉了。

手术台上张教授亲自主刀

事情并非如此简单。当打开母亲的腹腔，取出切除的卵巢，拿给等候在手术室外的父亲和弟弟、妹妹看时，连我们这些外行的家属，也看出那些器官的恶变。

手术台前的张教授，不用等病理化验，凭她长期的经验，就可以断定母亲是卵巢癌！她不仅留下做化验的切片，而且当机立断地在母亲的腹腔埋下一根细细的导管，准备化疗和放疗。考虑到母亲体胖，腹部脂肪厚，在缝合时，张教授还提出加了张力线。母亲的妇科全摘除大手术得以顺利、安全、完美地完成！

一星期后，由唐华大夫给母亲做了第一次放疗——通过预留的导管，注入胶体磷，出院回家。两周后，再次住院，第二次注入胶体磷，拔除腹部导管，拆掉刀口缝线。再往后，就是不断地进行化疗。

从开始的两周一次，到每个月一次，再两个月、三个月、半年、一年一次、两年一次，连续做了十年，究竟有多少次，连我母亲自己也记不清了。

她记得的只是那些年里化疗的巨大痛苦和折磨：当药液通过静脉，滴进体内后，就开始恶心，翻肠刮肚地呕吐，吐得昏天黑地、不吃不喝、晕晕乎乎，药液输多久，就呕吐多久。好不容易输完了，再呕吐一夜，第二天清晨刚平静一点儿，又开始新的输药了。三四天下来，母亲已经是憔悴不堪、虚弱之极。

性命相托　信任大夫

在多年的化疗过程中，张教授和妇科的其他医护人员，总是给予我母亲巨大的关怀和鼓励。1987年张教授调到生殖中心后，由顾芳颖、袁虹、唐华、高荣莲等主任医师，继续给我母亲做化疗。无论在门诊、在病房，还是在楼道，或者院子里，只要张教授遇到我母亲，一定要站下来，仔细询问一番，医患彼此如同亲朋好友一般。

母亲在住院中，结识了许多病友，都是和母亲几乎同时做了卵巢癌手术的，其中有的人因为不能忍受化疗的痛苦，选择了注射干扰素、用偏方、吃高档保健品、练气功等方法。而母亲却说："我一个家庭妇女，既不挣工资，又没公费医疗，还没什么文化，我也不懂得给大夫出主意，大夫说怎么治，就怎么治，我听大夫的。"话虽朴素直白，却很有道理，后来这几个患者都陆续去世，而我母亲则坚定不移地把化疗进行到底。

当年我母亲在化疗的痛苦中煎熬时，曾经多少次有气无力地睁开眼，看见各位医生、护士的慈祥面容，听到她们细声细语的亲切安慰时，就坚定了一定要活下去、要战胜癌魔的决心！母亲说："我放弃了化疗，就太对不起张教授和妇科的那些大夫了！"

至于妇科的护士小刘、小田、小宋等，更像家里人一样，总是无微不至地体贴我母亲。有一次，护士长郑菊兰见母亲发愣，就问："您想什么呢？"

"我想，天冷了，我来不及做棉袄了。"母亲实话实说。

"没关系，做不得，我帮您！"护士长快人快语。

母亲自然不能为棉衣去麻烦护士长，但是这句话，让她刻骨铭心。

毫无疑问，张教授和顾大夫、高大夫等诸位医生的精心治疗和郑菊兰等护士的悉心护理，是母亲能够坚持化疗的原因之一，谁能说，母亲的第二次生命不是她们给予的呢？

当1994年我母亲带着北医三院妇科的介绍信，去医学科学院肿瘤医院和北京协和医院妇科进行鉴定时，一致认为我母亲的治疗非常成功。从此母亲停止了化疗，只进行定期的复查和化验，是医患携手，创造出我母亲战胜癌症的生命奇迹！

治病救人　医患心心相印

如今，结束化疗有19年了，86周岁的母亲，不但自己生活自理，而且精心照顾着我这个残疾的女儿，她获得了第二次生命，我的生命质量才得以保持和提升，这让我们全家怎能不对医护人员感激涕零呢？

母亲只是一介草民，无职、无权、无地位、无收入，能够遇见张丽珠教授，是三生有幸！每当我母亲听到张教授对别人提起她时，总是说："这是我的病人"。张教授把病人称为"我的"，这语言是多么纯粹，多么美好啊，它不带有任何功利性和虚伪性，完全体现一种职业的高度，一个不由自主的高度。这不正是医患和谐的体现吗！

当初张教授主动提出给母亲做手术时，我们竟然没有想到送"红包"，手术后我们也一直无以回报，始终想不出用什么样的礼物，才能表达我们的感激和谢意！因此也就从来没有送过任何物质。29年来，母亲只是在每个春节，给张教授寄上一张小小的贺年卡，表达我们全家的心意，献上我们的衷心祝福！

我深知，像张教授这样救死扶伤、实行人道主义的白衣天使，成千上万！没有他们，哪里有我们的健康和第二次生命？尊重医护人员，与之密切配合，是患者的基本守则。患者的康复和重生，是医护的目标愿望和不懈追求，我们不应对此有丝毫怀疑和误解。医生在治病救人上，是和患者心心相印、同心同德的，面对共同的敌人——病魔，医患是同一个战壕里同仇敌忾、并肩作战的战友！绝没有半点对立！我们的生命和那些神圣的白衣天使永远联系在一起！[①]

正是有了文中所体现出来的处处为患者考虑、将工作做深做细的工作作风，张丽珠才赢得了万千患者的衷心感谢。在对三院妇产科新生代的年轻医师们谈话时，她着重强调的两点，一是技术，二是态度：

新的一代要继承发扬妇产科的优良传统，重视经验的积累。理论结合实际，多读文献，培养独立思考分析病情的能力。同一种疾病，在不同病人，表现并不一致。有了坚强的功底，才能在不同的情况下，处理过去未见过的难题。

技术过硬的后面必有正确思想在引导。医乃仁术。须勇于克服困难。记得那时产科大出血的场面，我总是冲在前面。在挫折面前，不能退缩。我们的岗位工作就是治病救人。当一个医师面对一个病人时，他已面对整个社会。我们日夜不分，风雪无阻，这是为了什么？[②]

晚 年 生 活

1997 年，张丽珠离开了她所热爱的工作岗位，光荣退休，这一度让她有些不太适应。她曾写过一篇散文表达自己内心的苦闷：

今天是星期六，没等闹钟在六点十分响，我已经起床了。果然不出所料，外面一片白茫茫，雪正在下着，路上盖了厚厚一层雪，下面

① 韩汝宁：母亲说“我放弃化疗　就对不起张丽珠教授”。《北京青年报》，2013 年 4 月 11 日。

② 张丽珠：寄语新一代妇产科医师 – 学习班上讲话（2005 年）。见：张丽珠，《我的医教人生》。北京：北京大学医学出版社，2008 年。

是冰。这几天我一直担着心，很紧张，怕到时去不了医院。前几天都是我的研究生搀扶着我上下班车，他们怕我滑倒摔跤。的确，摔了跤骨折卧床，说不定一病不起。采卵和接生一样，卵要排出和孩子要出生一样，等不了你医生驾到。那么卵排了对病人岂不是一个大大的损失？今天又是我一名已毕业的博士研究生，昨晚她住在我家，紧紧地搀扶着我，踏着冰雪从家门口走到马路边上，这半年来算一算，人家每周双休日，我一共只休过一个星期日。有时候真想睡个懒觉，我们加班没有加班费，不管我们每月上缴多少，奖金一视同仁。星期六和星期日我都要一早打的，而每次我都要打面的，因为面的较便宜。平时我家门口大街车水马龙，今天却冷冷清清。假日打的很不容易，预料今日会更困难。早已下定决心，一见夏利就上，耐心等了很久，猛然见一夏利，在街对面，急忙向它招手，车停了下来，但他三院不去，因为车转不过弯儿来。最后我们失去了信心，从燕东园漫步走到圆明园331公共汽车站。我心里觉得真苦，公共汽车真不错，这种天气，这种道路，还照样行车。这个上午我为一个病人取了11个卵，并为两个病人进行了胚胎移植，她们三个人都是我在开始第一次门诊接待，一直观察追踪到现在的。她们都有可能怀孕，但愿我们大家都有好运气。工作完毕又承蒙另一位博士研究生送我回家。在公共汽车上我有很多思想活动。

昨天一位记者来访问我，使我回忆到不少往事。我于1946年夏乘抗战胜利后第一或第二支船，横渡太平洋，从上海去美国留学，后又受聘于英国，又横渡大西洋。1951年夏从英国回国，正在抗美援朝的时候。我的父母早已去世，国内一无牵挂。新中国对我有号召力，伟大的祖国正走向光明，我要回我的家，为我的祖国和人民贡献力量。没有想到，竟在购买船票时受到了拒绝，公司不肯卖给我票，说必须出示入境许可证。我很不理解，也很生气。为什么回自己的国家还要入境许可证。只能努力请别人帮助，但无把握。等待期间，我去了巴黎参观访问，即将去瑞士。此时我在伦敦的朋友电话告诉我，国内来了电报。我赶忙回到伦敦。电报简单的几个字“欢迎你回国”。这是一个决定我一生命运的通知。我胜利地购得船票回国。

到香港后，参观了学校和医院，有人对我说“像你这样的人，何处不可为家”。从香港到广州的旅途中，首次看到珠江上空飘扬的五星红旗，禁不住热泪盈眶。“祖国呀，我又回到了你的怀抱”。

我已回国45年多，历经革命道路上的坎坷，也懂得了不少人情事故。回想起来，当时在广州迎接我的革命领导干部，紧紧地盯着我问：“你带来了什么无线电类的东西吧！”大概是对我回国的目的有所怀疑吧。这几年很多人对我说：“你当时留在香港就好了”，“你现在对回国觉得懊悔吗？”时到如今，“懊悔”两个字绝对不会从我口中说出。

当然，有时候我也有些不理解的事。10月底的一天，突然通知我，院长要和我谈话，地点是人事处。奇怪！从58年开院到现在，这是第一次，院长主动要找我。人事处，我嘀咕着，莫非让我退休？好像不会，因为博士生导师规定退休年龄是70岁，我现在已经过了75岁，还没听说让我退休。况且我现在正忙着呢。病人看我的门诊要排队3天3夜，挂黑号，最高达1000元。我还主持并亲手制成我国大陆6个首例：首例试管婴儿，首例“礼物”婴儿，首例试管婴儿三胞胎，首例赠卵试管婴儿（1992年6月12日诞生），首例冻融胚胎试管婴儿（1995年2月6日诞生），首例代孕母亲试管婴儿（1996年9月8日诞生）。正是红红火火，风云一时。我还真想趁热打铁，继续奔下去。这个时候退了不干了，对我们的事业发展是利是弊？我想我绝对不会挡在路上，我照章办事，办理退休手续。提出我有3个博士研究生，6个月后将毕业，我要保证完成这项任务。还有几个特殊病人，早已约好做试管婴儿，特别是几个为此回国的病人。另外还有一个刚考进来的博士研究生，我现在只能退了。研究处处长说，让别人干，你挂名。我说我从来没有挂过名而不干活儿的。科研处也同意我辞退此研究生，之后，这位新来的年轻研究生找我来谈了好几次，我实在不忍心，“好吧，我会带你的”。

新年来临，病人们及时地给我送来了锦旗。新旧研究生寄来了贺年片，封面上印着“献给我亲爱的母亲”。里面抄了这几句话：“慈母手中线，游子身上衣”，“谁言寸草心，报得三春晖”，“让我们向您道一声，辛苦了，我的老师，我慈母般的恩师。愿我们对您的爱，永远成为一道光明灿烂的光照耀着您，愿您每一天都健康，拥有阳光、流水、远山、绿草……和一切美丽的东西……”看到这里，我的眼睛又湿润了。我的儿女都在国外，不会给我寄来这样的贺卡。这么大年纪了，在这冰天雪地的星期六，奔来奔去，为的是什么？如果我说的话会得罪一些人，说就说吧，我还有什么不能失掉的呢？①

但很快，张丽珠就摆脱了这种彷徨的心态，因为她还有很多事情要做。三院的同事们还是经常来找她参加科室的活动，无论是业务问题还是生活问题都经常征求她的意见和建议。2002 年，三院的辅助生殖技术团队正式从妇产科中分出来，成立了生殖医学中心。看到最初开展试管婴儿工作时的两间小平房发展成 2500 平方米的现代化中心，规模亚洲第一、世界第二，被聘为中心名誉主任的张丽珠与有荣焉、感慨万千。之后她经常受邀去单位向妇产科和生殖医学中心的年轻人讲述自己的从医心得，其中 2005 年的一次讲话很好地集中体现了她多年来的体会：

作为一名老同志，想借此机会和年轻的同志、同行们谈谈心。

你们生在一个令人羡慕的时代，改革开放、科教兴国的时代。科技的创新，依靠人才，现在正是培养人才、起用人才的时代。你们将成为妇产科领域中的骨干力量。重任在身，妇产科的未来要靠你们。我和你们处在一个不同的时代，对妇产科的认识，工作的体会和人生道路的感受确会有所不同。我们之间需要沟通。

我是 1944 年从医学院毕业的，获得了医学博士 MD 学位，现在是 2005 年。算算已足有 60 年。这 60 多年来，不论是学习还是工作，我从无一日脱离过妇产科。回国工作也有 50 多年了。我曾在不同的条件下做过很多大手术，搞教学，做研究。多少年来并不是舒舒服

① 张丽珠：有感，这是为什么？见：张丽珠，《我的医教人生》。北京：北京大学医学出版社，2008 年。

服，而是历经坎坷。这风风雨雨的50年，也值得回忆；我对妇产科很有感情，为祖国人民服务，无怨无悔。但是今昔对比，更能体会今日的幸福。有了今日的条件，受到国家的重视和支持，应当对自己提出更严格的要求，对国家和人民做出贡献。

要在医学科学技术上有所创新，必须具有扎实的功底和一定的经验积累。攀登医学的高峰，不是一跃而上的，而是一步一步地攀登，一步一个脚印。每一层楼都要建筑得牢靠，也就是说必须要有踏踏实实的基本功。我认为基本功要规范化。现在我们妇产科很多专业名词和定义还是按照 Williams 产科学，妇科病理也是遵照 Novak 的书。但在实践中却并不按规定做了。譬如说，妇科检查中最基本的一项是阴道检查，但现在有些医师更依靠仪器，在门诊问了病史，即做阴道B超，阴道B超是一项很先进的辅助检查方法，可用于核对阴道检查的结果；而阴道检查可发现子宫直肠窝的结节，伴有明显触痛，或附件区压痛；这是盆腔子宫内膜异位症和盆腔炎等常见病的体征，不做阴道检查将被漏诊。另外，我们习惯右手执笔、干工作，所以应当用左手伸入阴道做检查，肘部和前臂呈90° 角，向前探时，以身体前部顶住肘部向前，使前进力量受到控制而右手用来持器械。最近一位北医1955年毕业的妇产科医生告诉我，现在用左手做阴道检查的只有她一人了。当然，决不能说用右手检查就不是妇科专家。当我在国外开始工作时，那里的主任教授 Telinde 观察我用左手阴道检查的动作，肯定我的基本训练是正规的。

现在剖宫产做多了，对于产钳的规范操作，似不甚了解。发生了失败的产钳术也无所谓。40年代后期，产钳术是英国妇产科国家考试时，考操作的重要课题。对新事物、新技术跟得很紧，但不能维护妇产科的优良传统，使我痛心。

定期查房对医师培养，大家了解病情，讨论诊治方法，复习总结经验是不可缺少的制度。主管医师须对病人完全了解，记忆在心。但让我不耐烦的是：他手拿病历，照本宣读，而回答问题，必须翻阅病历查找。一位已不在位的妇产科医师，对我们的妇产科恋恋不舍，重要的一项就是查房。她说我对他们的要求真严格，有时甚至让他们受不了，但正是通过查房，“严为爱，宽为害”，她的收获最大。我曾两次长期去过农村医疗队，做过多个大手术，当时那里并无合格的手术条件，且身受沉重的政治压力。这种逆境和困境，对个人来说，是最能考验一个人救死扶伤的过硬思想和本领。现在我国仍然重视农村的医疗保健工作。有一天我们会去大西北的农村或参加地震洪水救灾，我们的专业也还要适应时代的需要。最初我想专攻妇科肿瘤，但是58年北医三院创建，在一个刚开发的八大学院区。我被调来主持妇产科。那里的居民都是一些年轻的教师和学生。时逢大跃进，大批女学生闭经，我们的研究工作即时转移到女性内分泌方面。这样，就建立了女性内分泌实验室，将放射免疫检查和雌、孕激素受体测定方法引进临床。

1984年我们开始进行试管婴儿研究工作，也是在一穷二白的条件下，社会舆论压力下，经过坎坷的道路得到成功，并在三院建立了生殖医学中心。现在，辅助生殖医学中心在我国各地林立。生殖医学已成为一门独立的学科，未来发展广阔。的确，在那个年代我们的物质报酬较差，但是病人的满意，给我们带来了安慰，治疗成功是我们最大的快乐。

我既是一名医师，又是教师，要拳不离手，曲不离口，还要以身作则。新的一代要继承发扬妇产科的优良传统，重视经验的积累。理论结合实际，多读文献，培养独立思考分析病情的能力。同一种疾病，在不同病人，表现并不一致。有了坚强的功底，才能在不同的情况下，处理过去未见过的难题。

技术过硬的后面必有正确思想在引导。医乃仁术，须勇于克服困难。记得那时产科大出血的场面，我总是冲在前面。在挫折面前，不能退缩。我们的岗位工作就是治病救人。当一个医师面对一个病人时，他已面对整个社会。我们日夜不分，风雪无阻，这是为了什么？

在继承前人工作的基础上，有所前进并创新。我的信念：有机遇，就有挑战。做人要做到，己所不欲，勿施于人；新技术和经验应为大家所共享。鼓励自己的学生向其他专家学习；广开思路，多长见识，以推动整个学科的发展。学问要从宽而深入手，从宽而深的基础发展到既博又精。论文不应只求数量，要重质量。

年轻一代的医师们。你们精力充沛，风华正茂，条件又好，应当加倍努力，奋发图强，将你们的才华充分发挥出来。我们要做好你们的后盾，为你们而骄傲。①

不仅是在北医三院，她“神州试管婴儿之母”的大名鼎鼎在外，很多学术机构或医疗机构都邀请她去授业解惑或指导医疗工作。她只要力所能及，就尽量前往，继续为推广辅助生殖技术贡献自己的力量。此外，她此前从 1981 年起多年担任《中华妇产科杂志》的副总编辑，退休后也仍然经常受杂志社同仁邀请参加社里组织的活动。

这个时候，她多年辛苦所取得的成绩被越来越多的人认识到，同时为她带来诸多荣誉。2008 年 11 月 16 日，中国科协发布全国民众投票选出的 50 年来十大影响中国的科技事件，“中国大陆首例试管婴儿诞生”光荣上榜，这体现了普通民众对张丽珠工作的认可。2011 年 12 月 1 日，由中国福利会主办的第十五届“宋庆龄樟树奖”颁奖典礼在北京亚洲大酒店隆重举行，张丽珠获奖并参加颁奖典礼，该奖于 1985 年 6 月由中国福利会创设，每两年评选颁发一次，授予为妇女儿童事业做出卓越贡献、在国内外具有一定知名度和影响力，以及为推动妇女儿童事业发展做出杰出贡献的人士。

参加学术活动之外，张丽珠也终于开始享受家庭生活，有更多的时间可以陪陪家里人。晚年的她和唐有祺先生总是一起外出、形影不离。而外孙女小炅（Joanna）小的时候她带了很长时间，这也算是对女儿“不幸”童年的一种弥补了。

① 张丽珠：寄语新一代妇产科医师——学习班上讲话（2005 年）。见：张丽珠，《我的医教人生》。北京：北京大学医学出版社，2008 年。

结　语
作为女科学家的张丽珠

行文至此，我们对张丽珠教授已经走过的人生历程尤其是学术成长经历做出了较为系统的考察。在此，我们探讨她是如何成为一位成果斐然、声誉卓著的科学家的。

但要就这一问题做出全面论述，又谈何容易！既要对传主经历有细致入微的考察，又要能够从宏观上加以整体把握，分析当中还需综合考虑科学技术史、科学社会学、科学哲学、心理学等方方面面、林林总总的知识，使得这成为一项很难圆满完成的任务。稍一不慎，便会陷入面面俱到却又浮光掠影的老生常谈。

具体到张丽珠教授，她之所以有今天的成绩，最重要的自然是她天资聪颖，同时又在家庭教育下培育了吃苦耐劳的优秀品格和精诚纯粹的医者仁心。但这些在前文已经有充分体现，在结语中赘述难免显得重复而单薄。因此，思虑再三，笔者决定不再强求全面把握，只求抓住张教授作为女科学家这一特点，考察她成长过程中的与众不同之处，并希望能就此引发一些较为深入的思考。

遭遇解放：民国时期女性的自由与困境

张丽珠的青少年时期，恰逢西方女权主义兴起，中国的大城市里也自上而下地兴起了男女平权运动。这一点在她的家庭里得到了充分体现。

张丽珠姊妹四人，当时颇有守旧者认为其父张耀曾无子是一大遗憾，但张耀曾本人并不这么认为。姊妹几人口述的父亲行状中提及：

> 家母时以无子为言，府君笑谓家母曰："此世俗之见也。以言效忠社会，则女贤胜于不肖之子；以言继承血统，则子与女何异焉？无子，以女传可也，何戚戚为哉？"故于不孝等教育，不因女子而少忽，时诫不孝等曰："我不愿尔辈为寻常女子，愿尔辈于家国、于人类为有用之人才。"①

而她的母亲，虽然常常以无子为憾事，但在当时也是妇女解放事业的先行者，曾于1921年在北京与一班志同道合的姐妹组织发起中国女子商业储蓄银行。② 至于长期照顾她少年时期起居的三姑张佩芬，更是妇女解放思潮的积极响应者，曾编著《妇女问题》一书。③

在这样的家庭长大，张丽珠具有男女平等的思想是很自然的，而她中小学时期所就读的女子学校更加强化了这一点。比如上海工部局女中每天要读的晨誓：

> 我们在师长教导、同学督促之下，努力学业，遵守校规，刻苦耐劳，友爱亲睦，培养勇敢进取的精神，锻炼强壮健全的身体，服膺"非以役人、乃役于人"的校训，肩负救国的责任，向着光明的前途猛进，谨此宣誓！④

男女分校作为从国外传来的制度，在向来重男轻女的旧中国，却有更深层的影响，一方面它迎合了"男女授受不亲"的旧道德，但另一方面它

---

① 张宁珠、张馨珠、张惠珠、张丽珠口述，张元济执笔：先考镕西府君行述。见：杨琥编，《宪政救国之梦——张耀曾先生文存》。北京：法律出版社，2004年。

② 王志莘：《中国之储蓄银行史》，上海：新华信托储蓄银行，1934年，第156页。

③ 张佩芬：《妇女问题》。上海：商务印书馆，1922年。

④ 聂灵瑜女士会见记。《申报》，1936年9月19日17版。

也增强了女性的自重、自尊。正如张丽珠的同校同学后来所追忆的：

> 我那个时候呢，特别感到自豪，就是整个学校，从校长一直到教师、学生都是女的，只有少数男的，干什么呢？门房、清扫卫生的……对培养妇女自重、自立、自强这一点非常重要。①

当然，随着社会风气的开放和男女平等思潮的推广，男女同校逐渐推广。1936 年春，圣约翰大学校内英语辩论决赛辩题就是“本校应否男女同学”，结果正方胜，理由之一就是可以“因竞争心而提高学业程度”。同年，圣约翰大学开始收女生，而 1937 年开始读大学的张丽珠算是该校比较早的女生之一。

男女同校之后，性别间在学业上的竞争引起了广泛的关注。在男生方面，很多人骨子里仍是轻视女子的；在女生方面，则长期以来的不平之气也要有所发泄。竞争的结果则是女生们在学业成绩上居然经常能压男生一头。而张丽珠更是女生中的佼佼者，在课业繁重的医学院学习中一直名列前茅。

总之，通过多年来的家庭教育和学校学习，张丽珠养成了独立自主的性格和不输于人的气魄，努力要为女性争一口气，正如她高中毕业时同班同学所总结的：

> 像喜欢历史上的女英雄花木兰一样，我们喜欢张丽珠同学。她曾与年迈的父亲起过争执，她父亲没有年长的儿子作为继承人。我们不止一次听到丽珠宣告她不但要当女儿，还得当儿子，因为她没有兄弟……②

她的上述成长经历和性情志向，正是当时妇女解放运动的成果。但换

① 杨洁访谈整理：先锋女生：中华民国早期上海女子教育。见：李小江主编，《让女人自己说话——独立的历程》。北京：生活·读书·新知三联书店，2003 年。

② 上海工部局女子中学《丁丑年刊》，1937 年。原文为英文。

个角度来看，对于这种解放以及随之而来的女性就业等一系列问题，当时的社会并未做好准备。当时，易卜生的戏剧作品尤其是《玩偶之家》因为涉及这些问题，在中国广受欢迎，并引发诸多讨论。鲁迅曾专门撰文，在赞赏娜拉个性觉醒的同时，着重指出思想的觉醒必须以经济独立为基础，而女性尤其是中国女性要获得独立的经济权绝非易事[①]。鲁迅这篇文章形成了一个重要命题——“娜拉出走之后”，引来众说纷纭。对于这一命题，中学毕业时的张丽珠似乎胸有成竹，她在评论萧伯纳的一部戏剧作品时说：

> 一个英雄的女子，退却了不正当的金钱，避免了做一个有钱男爵的玩物，离开了母亲，抛弃了爱情，不顾一切地去独立谋生。她是个意志坚强，有胆量、有见识、典型的新女子；她不懂美术、自然，工作就是她的安慰、她的快乐……《华伦夫人之职业》所叙述的纯粹是妇女问题。他的鼓励妇女反抗和易卜生的《娜拉》大同小异。有人说：易卜生是诊断病源不开方子的医生，萧伯纳是诊病开方的。那么，这本《华伦夫人之职业》可算是出走后的《娜拉》了……[②]

从中不难看出张丽珠自己的影子，其中洋溢着对女性独立的赞颂和对美好未来的憧憬。张丽珠是这样想的，也是这样做的。她早就有志于航空报国，班里同学也祝愿她“有朝一日成为飞得最高的飞行员”，所以高中毕业时她报考了中央大学航空工程学系，并成为该系当年录取的唯一一位女生。梦想似乎触手可及，但现实是残酷的。随着日军发动全面侵华战争，敌寇步步深入，国府节节败退，张丽珠若要由上海去内陆求学要穿过大片交战区域。当时有大批各界人士退往西南地区，但家里人实在不放心让张丽珠一个年轻女孩孤身踏上前途未卜的报到之路，尤其是在她一直生

---

① 鲁迅：《娜拉走后怎样》，出自《坟》。就是在这篇文章中，鲁迅写道：“可惜中国太难改变了，即使搬动一张桌子，改装一个火炉，几乎也要血；而且即使有了血，也未必一定能搬动，能改装。不是很大的鞭子打在背上，中国自己是不肯动弹的。”

② 张丽珠：《读〈华伦夫人之职业〉》。

活条件优越、从未出过远门的情况下。父母都坚持让她留在相对安全的租界里，她也只好从命。理想与现实之间的差距第一次凸显出来。

被迫留在上海之后，张丽珠无法学习航空工程，只得重新选择专业。但当时社会上给知识女性提供的出路是很狭窄的，“妇女生活，下等妇女大部分或工厂做工或在家做工，多有入息；中上等妇女除医生教员外都没职业……”①。在学了一个学期的物理学之后，张丽珠还是选择去圣约翰大学学医。

而当时一般的社会心理，女子学医最理所当然的就业方向就是从事妇产科工作，以至于有医科女生愤然发声：“我们绝不走近路，或迎合社会心理，做未来的产妇科医师。我们要做外科专家、病理学家、医校教授、公共卫生学家，我们为什么不能做呢？”② 但志向虽然可嘉，事到临头的选择却难以抵挡社会的压力。就张丽珠来说，她最终选择妇产科为众生志业：

> 在选择工作领域时，我了解并认真考虑了作为一名妇女在社会上的优势和劣势，最终决定在妇产科领域工作，以便为妇女福祉而努力。③

“一名妇女在社会上的优势和劣势”，可见社会上对女性出来工作还是有着形形色色的偏见和限制。这种限制甚至存在于家庭内部，张丽珠临近毕业选择工作方向时，家里人顾虑家庭背景，不放心让她自己出去找工作，通过私人关系为她联系了工作医院，而这所医院恰巧是专门的妇产科医院，这是她后来从事妇产科事业的直接诱因。

总之，在民国时期，社会上层有部分人士得风气之先，积极推行女性解放，鼓励女性独立自主，少年时期的张丽珠适逢其会，很早就树立了男

① 上海信托股份有限公司编辑部,《上海风土杂记》。上海：上海信托股份有限公司编辑部，1932年。

② 赵文琳：遥寄医校女同学。《西南医学杂志》，1941年1卷5期。

③ 张丽珠：*Reminisces of the Past and a Bright Outlook on the Future*。该文是她于1980年7月作为中国代表参加联合国教科文组织在挪威奥斯陆召开的“变化社会中的创造型妇女（Creative Women in Changing Societies）”研讨会上所做的报告。原文为英文。

女平等的意识，努力上进，并一度闯入当时还专属于男性的航空事业门槛。但总的来说，当时社会上对于女性独立自主还是有着种种限制，在思想意识和社会制度上都还没有做好大量女性走出家庭的准备。面对理想与现实之间的矛盾，张丽珠最终选择了医学专业并从事妇产科工作，这既属无奈之举，也未尝不是合理的选择。

家庭与工作：新中国知识女性的两难

新中国成立后，拥有专业技能的知识女性面临的局面大为不同。政府为了充分解放生产力，努力宣传男女平等，即“妇女能顶半边天”，大力安排女性走上工作岗位。如张丽珠所说：

> 在中华人民共和国，妇女在政治、经济、社会、家庭等所有方面都与男性享有同样的权利，并且实现了男女同工同酬。我充分理解，只有完成全社会的社会主义改造，妇女解放才有可能得以实现。①

这种形势的确大大促进了女性就业，但另一方面也带来了一些问题，其中最直接的就是工作与家庭的矛盾。让妇女与男性从事同样性质、同样强度的工作，夫妻都在外奔忙，无暇分身料理家务，这也存在很大问题。尤其是对于长期在医院工作的张丽珠来说，这一问题尤为突出，她自己也曾在不同场合多次提及：

> 可是我的职业不一样，我是医生，得整天的时间都跟病人在一起，随叫随到。所以那时候我早晨一出门，根本就谈不上什么时候能回家吃饭，到很晚才回来。有时候晚上还要被叫出去，所以我基本上不怎么管家。②

---

① 张丽珠：*Reminisces of the Past and a Bright Outlook on the Future*。该文是她于 1980 年 7 月作为中国代表参加联合国教科文组织在挪威奥斯陆召开的“变化社会中的创造型妇女（Creative Women in Changing Societies）”研讨会上所做的报告。原文为英文。

② 《唐有祺　张丽珠》。见:《科学人生：50 位中国科学家的风采》，上册。北京：学习出版社，2004 年，第 152 页。

（我的丈夫）从未要求我离开工作岗位（去照顾家里），因为国家的社会主义建设需要我们这样受过训练的人。朋友们有时会开他的玩笑："不要跟助产士结婚，因为她会在午夜外出。（Never marry a midwife，for she will be called away at midnight。）"[①]

跟别人家里是不一样，所以我也常常觉得自己没尽到母亲应尽的责任，我也没享受到许多天伦之乐。有年暑假，正好有一天两个孩子都在家里，我躺在躺椅上，这边看看女儿，那边看看儿子，我觉得非常非常的幸福，但这样的时候也不是很多。[②]

我工作以来，一天假没请，从来没生过一天病……稍微觉得要发烧了，不能让它发，所以就早打（庆大霉素）。其实不应该那样，我虽然没生过一天病，可是最后，你看我现在戴着耳套，就是那个时候打针，耳朵都聋了。[③]

两个孩子出生不到一个月，我就上班去了。小平喂奶一个月，回奶时胸部胀痛，难忍难熬。从此吸取了经验教训，小华一出生即回了奶。小华一直记住并抱怨着，妈妈的奶她从未吃过一口。这样做完全违背了现在提倡的母乳喂养了。[④]

在家庭与工作的两难选择中，张丽珠尽了自己最大的努力，一方面要全力保障工作，另一方面也尽可能维护家庭。但总的来说，她在家庭方面牺牲得更多一些，幸运的是，她的选择得到了家人的理解，并且她的丈夫唐有祺先生多方弥补，缓解了这种选择对家庭的冲击。据两人的女儿唐昭华女士回忆：

---

① 张丽珠：*Reminisces of the Past and a Bright Outlook on the Future*。该文是她于 1980 年 7 月作为中国代表参加联合国教科文组织在挪威奥斯陆召开的"变化社会中的创造型妇女（Creative Women in Changing Societies）"研讨会上所做的报告。原文为英文。

② 《唐有祺 张丽珠》。见：《科学人生：50 位中国科学家的风采》，上册。北京：学习出版社，2004 年，第 152 页。

③ 张丽珠访谈，2013 年 5 月 9 日。资料存于采集工程数据库。

④ 张丽珠：学习型家庭。见：《我的医教人生》。北京：北京大学医学出版社，2008 年。

我成长的环境的确和别人不太一样，不像一般的家庭妈妈在家的时间比较多。我妈妈经常不在家，早出晚归。家务事她的确管不了。而我父亲相对来讲，在家时间多一些。他有时间就在家写书，几乎天天熬夜。不过看到他在家的时候比看到妈妈的时候多。即使如此我仍然记得小时候，我已经睡觉了，妈妈很晚回到家里还要检查我的铅笔盒，把我的铅笔都削得很尖。我那时上小学，每次一开铅笔盒，个个铅笔都削得很尖，同学看到很羡慕。虽然平时爸爸可能陪我去买衣服的时候较多，放假的时候，妈妈也会带我去裁缝店做衣服。妈妈总是力所能及地关心我们。①

总的来说，新中国成立后的妇女解放与民国时期有着很大的差异。民国时期的女性解放思潮是一种小众运动，更加强调个性解放、思想独立，却与发展相对滞后的社会存在着不可调和的矛盾，而新中国的男女平等真正拓展到了社会的方方面面，但其目的并不是单纯地为了解放妇女，更多地是为了解放生产力，让妇女走出家庭，顶起经济社会发展的“半边天”，要的是一大批合格的“螺丝钉”，而不是造就有独立人格的新女性。两相对比，民国时期的新女性是仰面直冲玻璃天花板，新中国的妇女们则是埋头硬挑千斤重担。

除了上述与社会发展有关的因素，作为一位女科学家，张丽珠自身的性格特点对她的学术历程也发挥着举足轻重的影响。

作为女性，她的感情的确是丰富细腻的。在国外看到有人攻击祖国，她会回房痛哭；归国之初因为别人偶然的一句话她会从此注意在说话时不露一个英文字；“文化大革命”中被押送去山区行医，走在悬崖边上，她会担心这一去就再也回不来了；坐在躺椅上看着年幼的儿女她能体会到简单的幸福……而这种性格对于作为医生的她来说弥足珍贵，因为这使得她能对病人的痛苦感同身受，从而用心去解决问题。比如，她之所以会去研究

① 唐昭华访谈，2014年1月2日。资料存于采集工程数据库。

试管婴儿，就是因为多年来接触了大量不孕不育症患者，对她们的病情了如指掌，对她们的痛苦深具同情之心。因此这一选题的出发点，除了科学上的客观考量，还有很大的感情因素。

扎实的医学基本功，加上体察入微的同情心，共同成就了张丽珠利济群生、业绩斐然的医学人生。

附录一　张丽珠年表

1921 年

1 月 15 日，生于上海。祖籍云南大理。

父张耀曾，姐妹四人，依次为：宁珠、馨珠、惠珠、丽珠。此外尚有一弟一妹，但很小的时候就夭折了。

是年，举家迁往北京，居于西城小酱坊胡同。

1927 年

6 月，父亲辞去公职，从此家境艰难。

秋，入东铁匠胡同师大女附小读书。

1928 年

2 月 20 日，父亲张耀曾决定赴上海执律师业。

12 月 23 日，父母赴上海觅房，为举家迁居做准备。姐妹四人仍随三姑居于北平。

1929 年

8 月 22 日，四姐妹随三姑抵达上海。

秋，转学至上海智仁勇女子中学小学部。

1931 年

秋，升学至智仁勇女子中学初中部。

1934 年

秋，升学至智仁勇女子中学高中部。

1935 年

秋，转学至上海工部局女子中学。

10 月中旬，作为上海女子排球队主力参加在上海举行的第六届全国运动会。19 日下午，在决赛中表现突出，“独挡重关，如铁屏障身”，全队以三比一战胜广东队。

1936 年

7 月 15 日，父亲训诲四姐妹，“勉其作非常人，故立志要高，用心要专，不可贪玩，不必在校外与男朋友来往，以免分心而近危险”。

1937 年

夏，工部局女中毕业，被评为该届“全面发展女生（The All Round Girl）”。参与编辑毕业纪念年刊，并为年刊提供《读“华伦夫人之职业”》《秋夜独坐小斋》、To the Campus、Ancient Chinese Women、Sports Teams 等多篇文稿。

毕业后，受“航空救国”思想影响，投考中央大学航空工程学系并被录取。全面抗战爆发，中央大学西迁，因家人反对，未能前往报到。投考并被录取的另一高校东吴大学也因同样原因未能报到。

10 月，入国立暨南大学理学院物理学系一年级借读。

1938年

1月，入圣约翰大学文理学院医预系一年级借读。

7月23日，父亲因医治延误病逝。

9月，通过考核，正式转学至圣约翰大学，入文理学院医预系二年级。

1939年

9月，医预系两年修业期满，通过严格考试，入医学院一年级学习。

1940年

6月，第一学年结束，总成绩在全班17人中排名第二。

1941年

6月，第二学年结束，总成绩在全班25人中排名第一。获理学士学位。

大姐宁珠、二姐馨珠赴美留学。

12月，太平洋战争爆发，学校被日军接管，教学一度停顿。黄铭新教授出任医学院代理院长，使教学得以持续。

1942年

6月，第三学年结束，总成绩在全班24人中排名第一。

1943年

6月，第四学年结束，总成绩在全班27人中排名第一。

秋，入上海红十字会医院实习，深受院长兼内科主任陆大夫严谨细致的工作态度的影响。

1944年

6月7日，由圣约翰大学毕业，获医学博士学位，并被评为“最优秀毕业生（The Best Graduate of 1944）”。

毕业后，在择业时选择了妇产科。7月，在家人安排下，入圣约翰教师王逸慧开办的沪西产妇科医院担任住院医师。此后两年间，随王逸慧看门诊、上手术，积累临床经验。

1945 年

二姐夫伍汉民因公干由美回国。因战争隔绝，多年不通音信，此时才得知二姐化名张诵音，在“美国之音”担任播音，随即打开广播，即听到她的声音。

1946 年

7 月，母亲因心脏病突发去世。

9 月，与三姐惠珠乘梅格斯将军号（General Meigs）运兵船前往美国进修，同船的有圣约翰时期的同学唐迪、李莹等。在船上与冯玉祥将军、张钰哲等人有过较多的交流。

经过 13 天航行，抵达旧金山。

在旧金山二姐家住了一晚。第二天，由伍汉民开车前往东部，抵达芝加哥后四姐妹会面，随后三姐惠珠单独去普渡大学。本来要去衣阿华州，但在大家劝说下，随大姐、二姐继续往东，最终独自在纽约停下来。

随即在哥伦比亚大学医学中心（Colunbia Presbyterian Medical Center）及霍普金斯（Johns Hopkins）医学院进修妇产科内分泌和病理学。

1947 年

在纽约医院产科任住院医师。

夏，参加中国学生基督教协会（Chinese Students Christian Association，CSCA）在纽约附近一个湖边举办的夏令营，很喜欢这次活动，参加了划船、游泳、歌咏和乒乓球比赛等活动。回到纽约市内后有时还参加一些 CSCA 的学习会，听关于国内的时事报告，接触到毛泽东的《新民主主义论》等著作。后来才知道，该会的组织者很多是地下党员，如林达光、陈秀霞、陈晖等。

1948 年

1 月起，受 Papanicolaov 正在纽约医院 Sloan Kettering 研究所开展的细胞学研究影响，并获该院奖学金资助，开始做癌瘤早期诊断研究。

与 Eugenie Leslie 合作的论文 Cytological Test of Various Body Fluids in Early Diagnosis of Cancer（《体液细胞学和早期癌瘤的诊断》）发表在 The Journal of the American Medical Association（《美国医学会志》）1948 年第 3 期上。

1949 年

4 月，所做癌瘤早期诊断课题引起注意，受英国伦敦玛丽居里（Marie Curie）医院之邀，赴该院开展相关工作，同时有志于考察英国的社会性医疗制度（Socializd Medicine）。

当月，“紫石英号”事件发生，去过中国驻英大使馆几次，感受到使馆中人心惶惶。

暑假，去剑桥大学参加留英中国同学会，认识了会长黄新民，他是后来帮助留英学生返回新中国的一位关键人物。

在伦敦结识了眼科大夫李凤鸣和中药学家楼之岑（后来均在北京医学院工作）。认识了林巧稚的老师、曾任协和医院妇产科主任的 Maxwell，并去他家住了几天。

1950 年

前往伦敦市东部的海克内（Hackney）医院，在著名妇产科医师道兹女士（Miss Gladys Dodds）指导下担任妇产科总住院医师，深深受益于道兹女士丰富的临床经验。

10 月，通过英国国家考试，获得英国皇家妇产科学院文凭（Diploma of the Royal College of Obstetricians and Gynaecologists，DRCOG）。面试时的主考官中有道兹。实际操作考察产科的基本功（如何上产钳），做每一步都小心谨慎，决不允许自己有失败的操作。

10 月 25 日，志愿军入朝作战，周围对新中国不友好的言论越来越多。

看到英国报纸上对新中国不友好的言论，心中很不自在。有一次看见报上刊登中国兵投降的照片，回到自己屋中痛哭了一阵。还有一次晚上看学生表演，将中国扮成一只披着羊皮的恶狼。

1951 年

通过英国国家考试后，研究子宫收缩力和外阴白斑，搜集妇科病例、产科病例各 50 例，准备参加进一步的文凭考试。

6 月，随着朝鲜战局变化，周围的敌对感越来越强，担心有一天自己会被关进集中营，决定回国。

去买船票时，使用的是国民政府时代的护照，结果被告知“必须有（中华人民共和国的）入境许可证才能够买船票”，感到吃惊和气愤，随托已于 1950 年底返回上海的三姐张惠珠帮忙联系。

等待回国期间，在英国朋友陪伴下四处游玩，去了北部湖区（Lake distrct）和爱丁堡，然后到了法国。在法国遇到地铁大罢工，接受美国兵的邀请搭乘便车，“这时倒觉得美国人还很友好”。

准备从法国前往瑞士时，接到伦敦朋友的通知，告知中国官方来了电报：“欢迎你回国”。惊喜于新中国办事的高效率，带着胜利得意的眼光购得了回国的船票。

7 月，乘船回国，到达香港时稍作停留，会亲访友。有人劝道：“像你这样的人，何处不可为家？”但不为所动，坚持回家。乘船经过珠海，“第一次看到小船上飘扬着五星红旗，不禁泪盈眼眶”。

返回上海，看见人们都坐在地上、马路边开会，早晚耳边都有响亮的白毛女歌声广播，“的确有些不习惯”。

8 月，经人介绍与唐有祺结识。

到圣约翰大学担任妇产科副教授和同仁医院主任医师，同时在红房子妇产科医院王淑贞教授那里兼职。

9 月，唐有祺北上，赴清华大学化学系任教。

1952 年

1 月 18 日，与唐有祺在上海结婚。

2 月 12 日，拜访表兄梁漱溟。

夏，辞掉在上海的工作，来到北京，去卫生部申请工作，被分配到北京医学院第一附属医院妇产科。

在医院领导分配下，与康映渠大夫每人分管半年的妇科手术，积累了大量临床经验。同时还要给学生上课，写教案、带实习、学俄文。此后几年每天从西郊乘三轮到西直门电车站，再乘电车到医院，来回奔波。

年底，经过半年的考验，升为副教授。

是年，经过院系调整，唐有祺调到北京大学任教，入住中关园宿舍。

1953 年

4 月，儿子出生，取名张小平，后改为张昭达。

1954 年

7 月，女儿出生，取名唐昭华。

9 月 20 日，与唐有祺拜访梁漱溟。

1955 年

是年起，成为国内首批妇产科研究生导师之一，开始指导研究生刘又天，并为其选取“硫酸镁对子宫收缩的影响”为研究题目。该题目至今仍是研究热点。

1956 年

9 月，与北京医学院妇产科同仁合作编写的《妇科学》教材完成，油印内部使用。

与北京医学院第一附属医院成型科朱洪荫教授、职业病科汪有蕃医师、手术室曹韵华护士长等人前往武汉考察同济医学院新建的附属医院，为筹建北京医学院第三附属医院（以下简称“北医三院”）做准备。

是年，被医院评为“先进工作者”。

1957 年

夏，全家自费赴大连海滨度假。

“反右运动”中，受到冲击，被称为“典型的资产阶级知识分子”、“资产阶级反动学术权威”，主要罪状是曾说过“图书馆的俄文学术杂志太少，比不上英美的多”。

是年，北京医学院妇产科教研组合作翻译的苏联专著《妇科手术的错误及危险》完成，油印内部使用。

1958 年

8 月 4 日，在中央建工部北京职工医院召开北医三院成立大会。建院之初，在建工部医院办院，被任命为妇产科主任。

参加建院劳动，但工作还没展开，就被“拔白旗”，食堂里贴满大字报。

10 月，招收的第一个研究生刘又天毕业，是北京医学院首批研究生中按期完成毕业论文的三人之一，论文《硫酸镁对子宫收缩力的影响》受到专家好评，发表在《中华妇产科杂志》1959 年第 6 期。

建院初期，经常请协和医院林巧稚大夫前来参与查房、指导工作。

1959 年

7 月 4 日，北医三院正式开院。妇产科接待的第一例手术是选择性剖腹产，患者是三院护理部钱玉钧主任。

开院之初，即使用回国时从国外带回来的设备，建立了子宫颈疾病专业门诊，开展子宫颈癌早期诊断、子宫颈刮片细胞学检查、阴道镜检查。使用后穹窿镜检查盆腔。开展正常胎盘及妊高征胎盘病变的观察。

1960 年

八大学院大批女生闭经，卫生局长也很关心，亲来视察。为调查闭经的原因，开展了很多血、尿的内分泌化验，发现问题不在于卵巢而是在于环境，下丘脑轴影响了卵巢，估计是劳动过重且营养不足造成的。

根据患者和社会的需要，将研究重点从肿瘤转向生殖内分泌，优先建立了生殖内分泌测定的实验室，进行放射免疫测定等，并开始学习一些新的诊治方法。

秋，昭达开始读小学。

参加访问团去山西、河南等地参观，感受新中国的巨大变化。回京后，首次向党支部提交入党申请。

是年，供应减少，生活困难。

1961 年

暑期，全家回上海探亲，并寻求经济支援。

秋，昭华开始读小学。

1962 年

在张致一先生的帮助和指导下进行兔子实验，进行输卵管结扎手术后卵巢功能的探讨。

1963 年

恢复 1959 年停止的研究生入学考试，招收研究生，研究课题为妊娠期 E2、HCG 的变化和胎盘病理的研究。

1964 年

与研究生周羡梅一起在上海召开的全国妇产科学术会议上报告《输卵管结扎术后卵巢功能的探讨》，证明结扎术后绝大多数妇女卵巢功能正常，理论结合实际，既有临床又有实验，影响较大。该论文发表于《中华妇产科杂志》1964 年第 10 期。

1965 年

夏，赴北戴河度假。

8月底，响应毛泽东“把医疗卫生工作的重点放到农村去”的“六二六指示”，参加北医三院通县巡回医疗队，去马头公社为农民群众服务，首次深入农村，“住在土房子里，睡硬炕、点菜油灯，吃派饭，好像进入了另外一个世界”，在缺医少药更缺少设备的条件下处理难产问题，甚至还为两头大母猪做了剖腹产。

10月初，在通县马驹桥为一位长着几十斤重卵巢囊肿、长年卧床不起的68岁老大娘动手术，病人术后恢复良好，《健康报》专门对此事进行了报道。

出诊的同时，还为公社的赤脚医生讲课。

1966年

1月23日，总结在通县四个多月来的经历和感受撰写的《不了解农民就不可能为农民服务》在《人民日报》第2版发表，全文包括“真正下到了农村”“闯过了一个难关”“努力改造自己”三个部分。

夏，回城参加“文化大革命”，北医三院妇产科的部分病房被分配给职业病科。

1967年

在科内作为“资产阶级反动学术权威”挨批斗，大字报的主要内容主要针对子宫颈门诊的建立，以及从国外带回来的仪器，如阴道镜、后穹窿镜、子宫收缩仪等。

因科里的“地主婆”卫生员背不出语录而陪斗，晚上不许回家，关在地下室，教她背语录，而唐有祺也被隔离审查，儿女休学在家，煤气中毒，女儿爬到门口呼救，幸亏遇到好心人将他们拖出门外。

被罚做卫生员工作，倒垃圾时不许戴手套。

专科门诊被改成综合性门诊，护士取代大夫上台主持剖腹产手术。有时经过门诊，被偷偷叫住，请教处理方法。

1968 年

“清理阶级队伍”时，作为归国人员，被要求交代罪行，在全院大会上与沈渔邨、左奇等人一起挨批斗，主持会议的护士长在台上，头左歪歪、右歪歪，模仿讥刺工作时看阴道镜的情形。

是年，儿女进入初中学习，但学业仍处于非正常状态。

1969 年

10 月，刚刚恢复医生工作不久，在林彪“一号通令”下，与同事、学生爬上卡车，被调往延庆，到达后在医疗队总部无片刻停留，即被派往下属的仅有十几户人家的山沟——对角石，带着沉重的心理负担为当地村民提供医疗服务。

在延庆一年多的时间里，到县医院进行了大量的子宫颈癌清除手术。

是年，唐有祺和学生一起被下放到房山劳动，刚满 16 岁的昭达则去了黑龙江德都县生产建设兵团。

1970 年

继续在延庆医疗队服务。

1971 年

年初，回城工作，为妇专的学员讲课。因要求严格，提出学员听课不专心，遭到学员大字报抗议。

2 月 17 日昭华分配到西山农场务农。

3 月 13 日，梁漱溟来访，谈甚久。21 日，与唐有祺回访。

到云南下关为妇专同学讲课，约 2 个月。

昭达首次从兵团回家探亲。

1972 年

2 月 25 日，美国尼克松（Nioxon）总统访华的随行记者 Ringle 来北医三院参观针刺麻醉，担任翻译。

陪同加拿大来访学者去吉林医科大学（曾用名：白求恩医科大学）演讲，担任同声翻译。

智利学者来北京医学院访问并做学术报告，任同声翻译。

1973 年

3 月 1 日，梁漱溟来访，谈三姑张佩芬及郑天挺等人情况。

1974 年

和北医生理教研组、北医一院妇产科合作，探讨早孕维持机理。

原中关园两间卧室于“文化大革命”爆发后不久即被分走，是年迁到蔚秀园居住。

1975 年

和北医三院病理科、北医一院妇产科合作，总结子宫颈癌手术效果和病理的关系。

1976 年

2 月 15 日，梁漱溟来小坐。

8 月，三姑张佩芬去世。大姐宁珠携子女回国探亲。

1977 年

8 月 14 日，梁漱溟来访。

全家团聚，昭达考入北京化工学院。

1978 年

2 月 11 日，与唐有祺、昭达一起拜访梁漱溟，获赠梁氏所藏有关张耀曾之材料。

建立内分泌实验室，通过张致一教授的帮助，获得世界卫生组织的试剂，建立血清生殖激素放射免疫测定，进行正常月经周期、绝经期、哺乳期闭经、高泌乳素血症、闭经泌乳综合征等的激素测定。

招收“文化大革命”后第一批硕士研究生（冯培、陈贵安）。

昭华考入北京医学院。

7 月 25 日，世界首例试管婴儿在英国剑桥诞生。

1979 年

10 月 14 日，与唐有祺往访梁漱溟，“谈许久”。

开展针刺麻醉下卵巢肿瘤切除手术及剖腹产手术，此后两年时有外宾参观。

获评全国“三八红旗手”。

1980 年

7 月，作为以康克清为首的中国妇女代表团代表，参加在北欧召开的第二届世界妇女大会，会议主会场在丹麦哥本哈根（Copenhagen）。

7 月 9—13 日，作为中国代表参加联合国教科文组织（United Nations Institute of Teaching and Research，UNITAR）在挪威奥斯陆（Oslo）召开的研讨会，会议主题为“变化社会中的创造型妇女（Creative Women in Changing Societies）”，在会上宣读报告，汇报了自己的成长经历和工作情况。

8 月，随团访问联邦德国。

从欧洲归来后，再次提交入党申请。

12 月 12 日，梁漱溟来访。

是年起至 1982 年，多次参加中国妇女代表团访问欧洲、拉丁美洲和北非，宣传我国妇女在政治生活与建设、保健及计划生育中的作用，并考察各国医学，主要关注如何少生、优生。

1981 年

开展 LRH 兴奋实验，大剂量 LRH 滴鼻抑制排卵实验，以后应用于内膜异位症的治疗。

夏，昭达成婚。

12 月，“文化大革命” 后首届研究生顺利毕业。

12 月，美国首例试管婴儿诞生。

自是年起，担任《中华妇产科杂志》副总编辑，一直到 2006 年。

1982 年

4 月，与葛秦生、康映蕖等大夫赴昆明。

5—6 月，与全国妇联副主席黄甘英一起访问埃及、突尼斯、摩洛哥三国，受到高规格的接待。

搬到中关园新居。

1983 年

1 月，被北京医学院评为“先进工作者”，随马旭院长等人去昆明。

开展雌、孕激素受体测定，研究在肌瘤及早孕蜕膜组织中的变化，得到中国科学院动物研究所特别是刘以训研究员的帮助。

被评为全国卫生工作先进工作者。

昭华大学毕业，赴美国加州大学洛杉矶分校研究院深造。

1984 年

1 月，被北医三院和院党委评为“精神文明建设积极分子”。

研究重点转向体外受精、胚胎移植，即试管婴儿技术，进行不同卵泡发育过程的观察。

成功实现体外受精。

被聘为博士研究生导师。

1985 年

1 月，随唐有祺赴香港中文大学，唐在该校讲学四周。

3 月，招收博士研究生杨池荪。

4 月，台湾首例试管婴儿诞生。

5 月，北京医学院更名北京医科大学。

6 月 14 日，昭达之子晓堂（小休）出生，23 日昭达赴美国纽约州立大学石溪分校攻读博士学位。

8 月，赴瑞典访问。

研究正常妊娠和妊高征血中激素的变化。

1986 年

春节，去表叔郑天挺之女郑晏家拜年。

8 月，赴美国考察试管婴儿工作。

9 月，访问位于诺福克（Norfolk）的美国琼氏生殖医学中心（Jones Institute of Reproductive Medicine，美国首例试管婴儿诞生地），与琼斯夫妇（Horward Jones Jr，Georgeanna Seegar Jones）会面。

10 月，获得国家自然科学基金资助，承担国家“七五”重点攻关科研项目“优生节育——早期胚胎的保护、保存和发育的研究”。基金共 10 万元，三家分享（北医三院妇产科张丽珠，湘雅医学院卢光琇，协和医学院何萃华）。三家独立自主搞科研，互通有无。

12 月，香港首例试管婴儿诞生。

是年，参加在维也纳召开的“体外受精 – 胚胎移植技术的前景（Future Aspects of IVF–ET）”会议。在会后的晚宴中，Kemeter Feichtinger 首次介绍了 B 超下阴道一根针取卵技术。

1987 年

5 月，为甘肃礼县小学教师郑桂珍做检查，确认双侧输卵管不通，决定施行试管婴儿。

6 月 24 日，大陆第一个试管婴儿的培育工作开始进行。

6 月 25 日，体外受精成功。

6 月 26 日，进行胚胎移植。

7 月 6 日，经过化验，郑桂珍被确定为早孕。

8 月 3 日，B 超能看到胎儿心脏搏动，临床妊娠成功。

自 1984 年实现体外受精以来，在胚胎移植阶段已经历了 12 次失败，此次即第 13 次终于取得成功。

1988 年

1 月，受邀赴湛江医学院讲授内分泌和生殖医学，唐有祺与晓堂随行。17 日抵达湛江，讲学后于 24 日渡海赴海南旅行。

3 月 10 日，我国大陆地区第一位试管婴儿在北医三院出生，取名郑萌珠。出生前，卫生部陈敏章部长曾来访。

3 月 18 日，我国首例配子输卵管内移植婴儿诞生。

5 月，邀请美国著名生殖医学专家梅尔扎姆（Meldrum）博士来北医三院做学术报告。

5 月 6—9 日，赴石家庄参加中华医学会妇产科学会第一届全国妇产科内分泌学术交流会，并做“体外受精－胚胎移植和配子输卵管内移植”的特邀报告。

5 月 14 日，随唐有祺赴南京大学。

5 月 18 日，被卫生部聘为医疗卫生技术鉴定咨询专家。

7 月 7 日，赴北京医院参加梁漱溟遗体告别仪式。

9 月，《中华妇产科杂志》编委会成员赴内蒙古牙克石召开不育症组稿会。

9 月，获北京医科大学“教学优秀个人奖”。

12 月 17—22 日，赴广州参加卫生部和国家计划生育委员会联合召开的全国计划生育技术经验交流会，并做“体外受精、胚胎移植和配子输卵管内移植成功”的特邀报告。该报告被会议评为优秀论文。

是年，获北京市“五一劳动奖章”。

1989 年

3 月，“体外受精－胚胎移植及配子输卵管内移植”获 1988 年度北京市科技进步一等奖。

7 月，“人类体外受精，胚胎、供胚及配子输卵管内移植”获全国科技进步二等奖。

8 月，与唐有祺一起赴瑞典、美国访问。在瑞典 Karolinska 参观了当地的试管婴儿中心和实验室，并与当地同行进行了交流。在美期间与宁珠、馨珠及昭达、昭华聚会，在波士顿访问了当地最大的试管婴儿中心。

是年，晋升为教授，评为国家重点学科学术带头人。

获北京医科大学“桃李奖”、全国优秀归侨侨眷知识分子等荣誉。

1990 年

6 月，昭华、昭达先后取得博士学位。

7 月，访问英国剑桥的 Bourn Hall（世界首例试管婴儿出生地），受到首例试管婴儿主持人之一爱德华兹（Edwards）教授接见。

12 月，“妊娠高血压综合征中前列环素和血栓素及胎儿胎盘循环的研究”获卫生部科技进步三等奖。

首次承办全国试管婴儿学习班。

是年起，担任《中华医学杂志》编委，直至 1998 年卸任。

被评为北京市归侨先进工作者、全国归侨先进工作者。

1991 年

1 月 31 日，和唐有祺启程赴美，向唐的业师鲍林教授庆贺九十大寿，并参加昭华的婚礼。

是年，获评北京市五一先进工作者。

是年，开始享受国务院颁发的政府特殊津贴。

是年起，开始担任中华医学会妇产科学会副主任委员，直到 1995 年。

1992 年

6 月 12 日，国内首例赠卵试管婴儿诞生。

8 月，赴英国访问，与留英期间的旧友 Margaret Lee 会面。

11 月，接待来北医三院妇产科访问的波兰专家。

接待来家中做客的纽约州立大学石溪分校妇产科主任 Martinstone 教授。

1993年

春，出席国际妇康会并做大会报告。

5月，在杭州接受中央电视台主持人李娟的采访。

7月，主编的《妇产科经验教训101例》由中国人口出版社出版。

10月31日，随唐有祺看望周培源夫妇。

12月19日，昭达夫妇与小休回国探亲四周。

1994年

2月6日，与唐有祺一起去看望李希泌、沈谱。

3月27日，外孙女炅华在美国出生。

5月，赴香港中文大学、新加坡国立大学等处访问。

11月，出席在温州召开的全国不育症研讨会并做大会报告。

12月9日，与唐有祺一起访美，13日赴康奈尔大学医学院访问。

是年，建立分子生物学、细胞遗传学实验室。开展葡萄胎DNA指纹鉴定。

1995年

1月25日，离开美国回京。

2月6日，我国首例冻融胚胎试管婴儿诞生。

4月22日，昭华带炅华回国探亲。5月19日，昭华返回美国，炅华留住燕东园。

10月，左奇院长来家中探视。

11月，赴泰国曼谷参观。

是年，获评北京市五一先进工作者。

是年，卸任中华医学会妇产科学会副主任委员，改任顾问，直至2000年。

是年起，开展如下研究：生殖免疫技术；胚胎植入的机理，包括子宫内膜局部免疫及抗心磷脂抗体测定；卵细胞的体外培养。

1996 年

3 月，“人类冻融胚胎移植和赠卵体外受精 – 胚胎移植的研究和应用”获卫生部科技进步三等奖。

6 月 30 日，入青岛眼科医院病房检查视力。

8 月 2 日，与唐有祺带炅华赴美。21 日在纽约市区 Dodick 眼科诊所检查，22 日右眼做手术，效果极好。

9 月 8 日，国内首例代孕母亲分娩。

9 月 10 日，在美施行左眼手术，效果不好。16 日启程回国。

10 月初，《中华妇产科杂志》编委会成员赴青岛召开组稿会。

10 月，接待来北医三院访问的法国 Michel Cognet 博士。

1997 年

1 月，接待香港大学何柏松教授。

1 月，出席库克（Cook）公司与北京医科大学联合举办的 IVF（试管婴儿）新进展研讨班。

4 月，作为大陆代表团成员赴台湾参加“海峡两岸妇产科学术研讨会”并做大会报告。

6 月，去海南三亚参观。

8 月，赴英国剑桥、伦敦等地参观访问。

10 月，出席香港大学 IVF 学习班。

10 月底，接到人事处的退休通知。

11 月，参加圣约翰大学校友会活动。

本年度，陪同来访的意大利 Filicoli 教授做学术报告，并去西安等地参观。

1998 年

年初，接待台北医三院示范简化子宫切除术的香港大学周基杰教授。

1 月 21 日，赴美国佛罗里达州博卡拉顿（Boca Laton，Florida）参加不育症治疗研讨会。

3 月 3 日，重回延庆，到对角石故地重游。

3 月，纪念中国大陆首例试管婴儿十周年庆祝会在北医三院召开。

4 月，赴日本参加妇产科学术会议。

7 月 27 日，为即将营建的蓝旗营小区卖房集资。

12 月 14 日，赴美探亲。

1999 年

7 月 1 日，昭达一家回国探亲三周。

9 月 5 日，与北医三院同事游圆明园。

11 月，参加圣约翰大学校友会活动。

2000 年

5 月，赴西安参加妇产科研讨会。

2001 年

3 月，主编的《临床生殖内分泌与不育症》由科学出版社出版。

2002 年

2 月，作为名誉主任，参加深圳武警医院生殖医学研究中心成立仪式。

5 月，在清华大学做学术报告。

北医三院生殖医学中心成立，担任名誉主任。

2003 年

1 月，“人类卵泡及其卵母细胞的体外发育”被教育部提名，获国家科技进步自然科学二等奖。

3 月 10 日，到北京九华山庄出席纪念中国大陆首例试管婴儿十五周年庆祝会暨国际生殖医学研讨会，英国爱德华兹教授、布林斯顿（Brinsden）教授、美国梅尔扎姆（Meldrum）教授等人均出席研讨会。

3 月，承办全国试管婴儿学习班。

8 月，赴波士顿与家人团聚。

2004 年

3 月，“人类未成熟卵母细胞的体外发育及其应用前景”研究获北京市科技进步三等奖。

4 月，作为名誉主任，参加天津武警医院生殖医学研究中心成立仪式。

4 月 10 日，在日本妇产科学会第 56 次年会上就试管婴儿的历史、现状及未来做特邀报告。

2005 年

8 月，参加在北京九华山庄召开的“全球华人生殖医学会议”，并在开幕式上讲话。

12 月，去海南三亚，对窗外的一尊送子观音像印象深刻。

2006 年

4 月，主编的《临床生殖内分泌与不育症》（第 2 版）由科学出版社出版。

6 月，获全国人口和计划生育科技贡献奖。

8 月，参加在哈尔滨召开的“多囊卵巢综合征国际论坛”。

是年起，卸任《中华妇产科杂志》副总编辑，改任顾问。

2008 年

2 月 24—26 日，出席在北京国际会议中心召开的“人类生殖医学国际研讨会暨中国大陆首例试管婴儿诞生 20 周年庆典”，并做“中国生殖医学的创建历程”的报告。

2010 年

9 月 19 日，出席北医三院妇产科主办的“张丽珠教授从医从教 60 年庆祝活动”。

2011 年

2 月 19 日，获颁中华医学会生殖医学分会授予“中国生殖医学终生成就奖”。

8 月 1—2 日，接受中央电视台“奋斗”栏目专访。

11 月 15 日，抵达深圳，指导深圳武警医院的试管婴儿工作。

12 月 1 日，获颁中国福利会主办的第十五届“宋庆龄樟树奖”。

附录二　张丽珠主要论著目录

主要论著

[1] Leslie EP.　Chang H.　Cytologic test of various body fluids in early Diagnosis of cacer JAWMA. 1948，3：236−239.

[2] 周羡梅，张丽珠. 输卵管结扎术后卵巢功能的探讨. 中华妇产科杂志 1964（10）：349−351.

[3] 唐素恩，康映蕖，张丽珠. 子宫颈鳞腺癌的组织类型与预后的关系. 中华妇产科杂志，1981（16）：45−47.

[4] 张丽珠，顾方颖，范蕴玉，等. 应用针麻行卵巢囊肿手术 150 例分析. 中华医学杂志，1981，61（8）：459−462.

[5] 陈贵安，张丽珠. 子宫肌瘤与组织胞浆内雌、孕激素受体含量及血内雌二醇、孕酮水平关系的探讨. 中华妇产科杂志，1984，19（2）：88−92.

[6] 赵梅，张丽珠，马魁榕. 大剂量 LRH 滴鼻抑制排卵初步临床试验观察. 北京医学院学报，1985，17：56−57.

[7] 冯培，张丽珠. Early pregnancy decidual development and changes in serum progesterone and 17B−estradiol levels and progesterone receptors. Chinese

MJ，1985，98：899-904.

[8] 刘平，张丽珠，贾建文，等. 酶免疫测定尿 LH 结合超声预测排卵及临床应用. 中华妇产科杂志，1988，23（2）：65-68.

[9] 张丽珠. Pregnancy following in vitro fertilization and embryo transfer and following gamete intrafollopian transfer. Chinese MJ，1988，10：303.

[10] 杨池荪，张丽珠. 妊高症胎盘微循环及绒毛组织学研究. 中华医学杂志，1988，38：632-634.

[11] 王秀云，张丽珠，唐尧，等. 66 例输卵管阻塞不育症的处理及临床病理分析. 中华妇产科杂志，1989，24（4）：201-202.

[12] 张丽珠. 试管婴儿国内研究进展. 国内、外医学研究进展. 上海：上海卫生出版社，1989.

[13] 张丽珠，陈贵安，赵文新，等. 试管婴儿三胞胎顺利诞生. 北京医科大学学报，1989，21（6）：451-453.

[14] 杨池荪，张丽珠. Schulman H. 正常妊娠和妊高征子宫动脉及脐动脉多普勒血流速度测定. 中华妇产科杂志，1989，24：261-264.

[15] 张丽珠，赵文新. Follicular development，oocyte maturiry and fertilization in vitro. Chinese MJ，1990，103：186-191.

[16] 张丽珠，陈贵安，赵文新，等. Laparotomy ovum pick-up and ultrasomic ovum retrieval in an IVF program. Chinese MJ，1990，103：851-855.

[17] 张丽珠. 我国大陆的试管婴儿. 大众医学，1990，8：32.

[18] 张丽珠，周羡梅. 近亲结婚后代是否健康，临床咨询. 中华妇产科杂志，1990，25（5）：312.

[19] 张丽珠，陈贵安，刘平，等. 配子赠送在体外受精 - 胚胎移植中的应用. 中华妇产科杂志，1991，28（13）：723-724.

[20] 张丽珠. 英国生殖医学考察报告. 中华妇产科杂志，1991，26（4）：248.

[21] 张丽珠. 体外受精　胚胎移植　人类生殖调节图谱. 高士廉主编，1991 年 6 月，辽宁科学技术出版社.

[22] 唐尧，员虹，张丽珠. 不孕症子宫内膜周期变化及排卵、血清雌孕

激素的关系．中华妇产科杂志，1991，26：281-282.

[23] 吴燕，张丽珠，经永春．Prevention of post-operative infection by uterine and intraperitoneal irrigation with ampicillin during Caesarean section. Intern J Exp-clin chemotherapy，1991，4（3）：132.

[24] 叶蓉华，张丽珠．慢性高血压孕妇的围产儿预后．中华妇产科杂志，1992，27（3）：153.

[25] 吴燕，张丽珠，经永春．剖宫产应用抗生素预防感染（附271例观察）．中华妇产科杂志，1992，27（2）：73.

[26] 张丽珠，等．阴道超声在不规则子宫出血诊断中的应用．中华妇产科杂志，1992，27（5）：312.

[27] 耿力，顾方颖，张丽珠．促黄体生成激素释放激素类似物LHRH-a治疗子宫内膜异位症的初步研究．北京医学，1992，14（2）：81.

[28] 张丽珠．我校试管婴儿研究进展．北京医科大学学报，1992，24（4）：285.

[29] 耿力，顾方颖，张丽珠．长期应用国产LHRH-a治疗子宫内膜异位症期间子宫内膜形态学的观察．实用妇科与产科杂志，1992，8（6）：309.

[30] 张丽珠．阴道口松弛、直肠膨出及阴道Ⅲ度裂伤．临床产科学，柯应主编，1992，12月，18章：318-331.

[31] 张丽珠．现在助孕技术和多胎妊娠．实用妇科与产科杂志，1993，9（2）：66.

[32] 张丽珠．异常子宫出血的外科处理与激光治疗．中华妇产科杂志，1993，28（8）：506.

[33] 张丽珠，李传俊，王晨霞．部分不育症患者的心态分析．中华医学杂志，1993，72（10）：630.

[34] 张丽珠．Successful pregnancy after oocyte donation with in vitro fertilization and embryo transfer . Chinese Medical Focus，1994，1：18.

[35] 李诗兰，唐仪，张丽珠．妊娠期贫血原因分析及贫血对母婴影响．北京医科大学学报，1994，26（3）：205.

[36] 刘平，周羡梅，赵双平，杨丽萍，张丽珠. 人卵受精及前期胚胎染色体初步分析. 中华妇产科杂志，1994，29（10）.

[37] 吴燕，张丽珠，刘平，等. 尿促黄体生长激素峰与体外受精－胚胎移植结局的探讨. 中华妇产科杂志，1994，29（2）：74–77.

[38] 张丽珠，陈贵安，刘平，等. 体外受精－胚胎移植致宫内、外同时妊娠. 中华妇产科杂志，1994，29：486.

[39] 耿力，顾方颖，张丽珠. 促性腺激素释放激素类似物治疗子宫内膜异位症的研究. 中华妇产科杂志，1994，29：592–593.

[40] 张丽珠. 正确掌握促排卵的适应证. 中国实用妇科与产科杂志，1995，11：258.

[41] 顾玲芬，张丽珠，顾方颖. 卵泡发育类型和黄体功能的探讨. 中华妇产科杂志，1995，30：530–541.

[42] 张丽珠，张小为，周羡梅. 葡萄胎的 DNA 指纹及其与恶性变的关系. 中华妇产科杂志，1996，31（4）：203.

[43] 顾玲芬，张丽珠，顾方颖，等. 应用腹腔镜及阴道 B 超检测不孕因素的探讨. 中华妇产科杂志，1996，31：18–20.

[44] 张丽珠，陈贵安，刘平，等. 体外受精、胚胎冷冻储存及其移植的应用. 生殖与避孕，1996，16：12–14.

[45] 张丽珠，陈贵安，刘平，等. 赠卵和代孕中供卵者胚胎和受卵者子宫内膜同步化的激素治疗. 中华妇产科杂志，1996，31：486–489.

[46] 顾玲芬，张丽珠，顾方颖，等. 子宫内膜异位症异位与在位内膜发育日期及雌、孕激素受体水平. 中华妇产科杂志，1996，31：582–585.

[47] 张丽珠. 我国大陆“试管婴儿”研究进展. 生物学通报，1996，31：1.

[48] 魏志新，张丽珠，李美芝，等. 卵巢基础状态对促超排卵结局的预测. 中华妇产科杂志，1997，32（1）：27–30.

[49] 魏志新，张丽珠，李美芝，等. 促超排卵周期表皮生长因子对人卵泡发育的调节. 中华妇产科杂志，1997，32（2）：87–89.

[50] 魏志新，张丽珠，李美芝，等. 促超排卵周期胰岛素样生长因子 -1 对人卵泡发育的影响. 中华妇产科杂志，1997，32（8）：486–488.

[51] 耿力，顾方颖，张丽珠. 长期大剂量应用促黄体激素释放激素类似物对子宫内膜及雌孕激素受体的影响. 中华妇产科杂志，1997，32：498.

[52] 魏志新，张丽珠. 卵巢过度刺激综合征. 中华妇产科杂志，1997，32：511–512.

[53] 田秀珠，张丽珠，吴燕，等. 早孕蜕膜组织淋巴细胞在妊娠中的作用. 中华妇产科杂志，1998，33（1）：7–9.

[54] 田秀珠，张丽珠，杨池荪，等. 抗心磷脂抗体对体外受精 – 胚胎移植的影响. 中华妇产科杂志，1998，33（2）：86–88.

[55] 张丽珠. 提高对生殖健康的认识. 中华医学杂志，1998，78（2）：84.

[56] 张丽珠. 世纪之交展望试管婴儿科技工作. 生殖医学杂志，1998，7（4）：195–198.

[57] 田秀珠，张丽珠，张小为. 穿孔素蛋白及基因在子宫内膜中的表达. 中华妇产科杂志，1998，33（10）：591–593.

[58] Wu J，Zhang LZ，Liu P. A new source of human oocytes，preliminary report on the identification and maturation of preantral follicles from follicular aspirates. Hum Peprod，1998，13：2561–2563.

[59] 张丽珠，魏志新，刘平. 体外受精 – 胚胎移植中影响临床妊娠的因素 – 附 559 个周期分析. 中华妇产科杂志，1998，33：727–730.

[60] 吴际，张丽珠，刘平，高荣莲. 人卵母细胞在不同培养液下成熟与凋亡的比较性研究. 生殖与避孕，1998，18（6）：346–349.

[61] 吴际，张丽珠，刘平. 人窦前卵泡的体外发育及其卵母细胞成熟过程的观察. 中华妇产科杂志，1998，33（9）：517–519.

[62] 吴际，张丽珠，刘平，高荣莲. 人胎儿窦前卵泡体外发育的研究. 中华妇产科杂志，1998，33（9）：520–523.

[63] Tian Xiuzhu，Zhang Lizhu，Wuyan，et al. Relationship between serum

antisperm antibodies and anticardiolipin antibodies and clinical pregnancy outcome in an in vitro fertilization program. 1998.

[64] 张丽珠. 辅助生育进展及存在问题. 中国实用妇科及产科杂志，2000，16（10）：3–5.

[65] 叶蓉华，张丽珠，杨孜，等. 体外受精 – 胚胎移植后妊娠妇女的产科结局. 中华妇产科杂志，2000，35：157–159.

[66] Tian Xiuzhu，Zhang Lizhu，Zhang Xiaowei. Lymphocytes and perforin expression in endometrium during the menstrual cycle. Chin Med J，2000，113（10）：930–933.

[67] 王悦，张丽珠，王秀云. 子宫内膜异位症在位、异位内膜淋巴细胞亚群分布的研究. 中华妇产科杂志，2000，35（2）：85–88.

[68] 张丽珠. 辅助生育技术进展及存在问题. 中国实用妇科与产科杂志，2001，17（1）：1–3.

[69] 王悦，张丽珠，王秀云. 子宫内膜异位症患者腹腔液及血液中趋化因子 RANTES 的含量及意义. 中华妇产科杂志，2001，36（8）：496–497.

[70] 张丽珠. 子宫内膜异位症不育患者的助孕治疗. 中华妇产科杂志，2002，37（3）：132–133.

[71] 张丽珠. 试管婴儿工作的回顾和展望. 中国生育健康杂志，2003，14：137–138.

[72] 张丽珠. 发扬妇产科工作的优良传统. 中华妇产科杂志，2003，38：459–461.

[73] 杨孜，张丽珠，杨池荪. 席汉综合征合并双侧输卵管堵塞患者体外受精 – 胚胎移植妊娠成功一例报告及分析. 中华妇产科杂志，2005，40（4）：272–273.

主编

[1] 张丽珠主编. 中国大百科全书，医学卷，妇产科分册. 北京：中国大

百科全书出版社，1993 年 7 月.
[2] 张丽珠主编. 妇产科经验教训 101 例. 北京：中国人口出版社，1993 年 7 月.
[3] 张丽珠主编. 临床生殖内分泌与不育症. 北京：科学出版社，2001 年 3 月，2006 年 4 月第二版.

参编

[1] 中华妇产科学. 北京：人民卫生出版社，1999 年 .
[2] 妇产科学辞典. 北京：北京科学技术出版社，2003 年
[3] 实用妇科内分泌学. 上海：复旦大学出版社，2004 年.

附录三　张丽珠文章二篇

秋夜独坐小斋[①]

家人皆已入梦，已独不能安睡。披衣其坐小斋，手握一卷，朦胧中见窗前一片霜色，明月一轮，织云数朵，月光似水，流于窗外，微风吹来，稍有单衣不胜寒之感；乃忆及今夜为中秋之前夕也。

熄灯静坐，月色渗绿帘而入，清光满室；桂花一枝，珊珊月光之下浓香四散，至此而睡思全消矣。

于此万籁俱寂之时，风声习习与蟋蟀声相和，足以消遣无聊。伴我左右者仅月光，花香，人影。花虽不解语，月虽不知情，影亦徒随我身，然月移而影动，风至而桂枝袅然起舞，浓香随之，蟋蟀声越夜色而来，秋情为之尽泄矣。

浴吾身于此圣洁之光中，浸吾心于此芳馥之香内；日之所虑，以往之

① 此文系张丽珠高中时期所作。见：上海工部局女子中学《丁丑年刊》，1937 年。

所忧，尽消逝无踪矣。闭目而静思，似吾身尘泥已为清风吹去，无一丝污玷遗留；吾之一颗心，亦为月光照透，洁白明亮，无一毫虚伪之存在；吾纯真之灵魂，为此一片秋声唤醒矣。我愿随长风飘去，我愿与月光同归，我愿消逝于桂香之内，与之同处。我将不见斗争，无闻丑恶；我将永无怕惧，永无烦恼，永无寂寞矣。

深巷内一声犬吠，悠散于真美之灵魂，复回尘世。桂影东移，月过中天，不禁茫然若有所失。

高中三下　张丽珠

Reminisces of the Past and a Bright Outlook on the Future①

My Educational Background

I was born in 1921 in Shanghai. My father was a lawyer in the latter part of his life. He had once participated in the Chinese bourgeois democratic revolution in 1911 and had been one of the key members who drew up the constitutional laws of the Republic of China. Later on he gave up the post as a high official in Peking and went to Shanghai. He used to talk to us about the mistakes and pitfalls he had made in his political career and how in his eyes he had envisioned a prosperous and strong China. These must have been the seeds sown into my mind that I have grow up to feel myself so much linked to the fate of China and to have a strong sense of responsibilities towards our motherland. Both my

① 此文系张丽珠 1980 年 7 月 9–13 日作为中国代表参加联合国教科文组织在挪威奥斯陆（Oslo）召开的“变化社会中的创造型妇女（Creative Women in Changing Societies）”研讨会上宣读的报告。

parents had studied abroad for many years. They had only four daughters, and also, I was the fourth daughter in the family. How disappointed they must have been when they saw me coming out, again a baby girl. I remember clearly that my father was displeased to see me knitting instead of studying, it was certainly against his wish for his daughter to do secretarial work or to be a typist. When my father died at the age of 54, I had just finished my freshman year at college. Many friends came to pay their last tribute. One of them in his mourning wrote something like this: "It is very unfortunate for a man like my father to die at such an early age, and it is still more pitiful that he died without leaving a son behind." How the traditional thought in the old society had lain like a dead weight over my heart for many years to come.

My parents had emphasized the teaching of "A healthy mind in a healthy body", and I was encouraged to partake in many ball games, and I'm always proud to say that once I was a very important member in the volleyball champion team at the national tournament of 1935. I led an active, happy and carefree life during my high school days. In the girls' school I was often assigned to act a man's part on the stage, because I was tall and open, clear and upright in disposition. I was elected as the "All-round Girl of 1937" . My classmates wrote in the album that my career should be that of a flyer in the Air Force. In those years of armed resistance against Japan I responded to the call "aeronautics to save the country", and was enrolled in the National Central University in Nanking, majoring in Aeronautical Engineering. However, the University moved to the interior of China because of the Japanese invasion. Despite of my perpetual coaxing and entreatment, my parents just would not let me go such a long and difficult way to an uncertain destination because I was too young and a girl too. Later on I was to learn from some of the students there that they were all looking forward to seeing the only girl student in the Department of Aeronautical Engineering. Thus I stayed in Shanghai and waited. It just so happened that I took up medicine at last as my career. However, once I took up something I became interested in it and wanted to go into the depth of it .I can truly state that for the thirty–six years since my graduation from the medical school I have never left my hospital post for any length of time, and I'm sure that one day I shall die in my boots. I studied for seven years at St. John's University in Shanghai (an American missionary university affiliated with the Pensylvania University Medical School of U.S.A) and got my B.S. and M.D. degrees there. During those years of Japanese occupation I concentrated on my studies, and was not to be involved either in politics or religious affairs. I got the award of "The Best Graduate" title in the year of 1944 because of my high marks in the medical school. The men students looked up to me, saying to each other: "She is as solid and as hard as the stone." When it was time for me to choose my specialty, I began to realize and to seriously consider the disadvantages and limitations of being a woman in the society, and at last I decided to work in the field of Obstetrics and Gynecology for the welfare of women.

It was only natural that I sought for more advanced studies in the United States. I went to the States in 1946, and there again I was attracted by the so–called "socialized medicine" in England and left for London in 1949 and worked there for two years. Then the war in Korea broke out in which China was involved. I was very much upset and restless and felt forlorn amidst my British friends. When I made up my mind to come back to my homeland, many obstacles seemed to stand in the way. I was furious to hear that I had to produce an entrance permit from my homeland before I could book a homeward ticket. When within a short period I received the telegram from our new government welcoming me back, I was all triumphs, and could not help admiring the efficiency of New China. In the summer of 1951, when for the first time I saw our beloved five–star red flag flying high over the small boat in Pearl River, my heart pounded with joy, the hot tears running down my cheeks, not to know of the twists and turns of road ahead of me. I once again threw myself into the open arms of my motherland, full of hopes and aspirations, all prepared to dedicate myself to the building up of new China.

My Role as a Wife, a Mother and Medical Doctor at the Same Time

I married late at the age of thirty–one after my return to Shanghai where everything seemed to be quite secure. My husband is a Cal Tech Ph.D. We had been aboard the same ship to the States and he also came back at about the same time. After our marriage I left Shanghai to go with him to Peking, not because a woman had to follow her husband, but as a medical doctor I could go any place to work just the same. Since then I have joined the staff of the Peking Medical College. Now my husband is a professor of chemistry and Director of the Institute of Physical Chemistry at Peking University. Never for once has he asked me to leave my post because our socialist construction has always been in need of trained personnels like both of us. Some friends would at times joke at him "Never marry a midwife, for she will be called away at midnight". For a time we had two woman helpers employed to the household work and to care for the children. So the large part of our salaries was spent in that way. I gave birth to a boy and a girl in succession, the boy was given the name after my family, Chang, in defiance of the old tradition against which I bear a grudge, the girl was named after my husband. It also shows that in our family man and wife are equal. Anyway, it doesn't matter what names the children are given, they belong to the society.

I have had very little spare time with my family. Once in a hot summer day I had my little son and little daughter lying on either side, taking a nap, as I turned my head to look at them now and then, my heart was filled with motherly love and satisfaction. That was certainly an occasion to be remembered. Even now my grown–up daughter would point at me teasingly: "You are not like a mother at all." Nevertheless, I know I have done a lot for the mothers of many other children, and through my deeds I have exerted good influence upon my children. My little daughter wrote her famous article on the subject "Mother called away at midnight to save a dying patient" . My son in his primary school days was selected to go to a summer camp for collective training in table tennis. Fed up with the proceedings there, he came home all by himself. I was very angry with him for he had not completed his task of training. A few years later my son at the age of sixteen together with many other young students was sent to the Great Northern Wilderness to work in a farm. In the first winter after their arrival famine befell. Many students could not stand the hunger and cold and came back to Peking, but my son persevered. He wrote back: "Dear Mama, I still remember your talk that summer, you must trust me that I, as a soldier, will never flee from the battlefield." No, in the face of all kinds of difficulties, we stand firm, as soldiers in the front, daring to fight and daring to win, because we have faith in our people and in our Party.

How to Make Use of My Western Training to Serve the Chinese People

The Third Teaching Hospital affiliated with the Peking Medical College was founded in 1958 and I was appointed the head of the Department of Obstetrics and Gynecology there. In medical work I have always tried to do clinical practice based upon scientific grounds. In teaching work I ask the students to grasp the fundamental principles and cultivate their capacity of independent thinking and reasoning. Our students came from all parts of the country and also from the Third World .The resident doctors are required to hold detailed preoperative discussions and postoperative summaries to verity the diagnosis, so that they could really draw some lessons from every case they have laid hands on. It is a good way of cultivating the sense of responsibility towards the patients.

To be a good teacher one must first be a good pupil. Since I had always been brought up and educated in the big cities, the Chinese countryside was all very strange to me. That was in the year of 1965 when I joined the Peking mobile medical team headed by the Minister of Health to the countryside. I lived in the homes of the peasants, ate with them and sometimes worked in the fields. The main task was to go around the villages to care for the sick, conduct health propaganda work among the peasants and train the bare-foot doctors. This was in conformity with the policy that health work must be combined with mass movement.

To say the truth I was quite scared the first time I was called out to a peasant's home to help with an emergency difficult delivery. Two or three midwives had tried to deliver her with no avail and had all left. With the anxious father-to-be watching at my side I finally successfully extracted the baby. When the baby boy uttered his first loud cries to announce his descent into the world, I was soaked with sweat all over; and felt probably happier and more thankful than the grateful father. Then there was an old woman of 58 years old with a huge ovarian tumor weighing more than 60 pounds. She could only kneel the whole day on the big brick bed for quite a few years because of the heavy weight in her abdomen. As we had the full support and encouragement of the leading group of our hospital and had kept every possible complication in mind and prepared for the worst, the operation was completed beautifully in the grass-roots unit. A few weeks later the patient went back to her village accompanied by her relatives, walking into the gateway with her shoulders back and abdomen in. The villagers roared and applaused with blowing of trumpets and beating of drums. Then there was the case of the vesico-vaginal fistula. She had urine leaking for 13 years since her first delivery. Because of the lack of medical personnels in the village she had kept her sufferings all to herself. In the winter time the crotch of her cotton trousers was hard with "urinary ice" . After a careful surgical repair and intensive postoperative care in the grass-roots unit, her fistula was healed and she has become a normal woman again. No wonder that the peasants regarded the Party and Chairman Mao who sent down the medical team as the savior, and realized through their own experience that only under the socialist system they could receive medical treatment of such high quality and free of charge too. In medical practice we have to do things over and over again to perfect our skill. The same is true in regard to having a real grasp of Maxism, we learn it not only from books, but through practical work and through close contact with the masses. That's how I came into the midst of the masses and the peasants and learned their ways of living and thinking, for how could we serve the people well if we do not understand them well? We must have the sufferings of the great majority at heart before we could say anything about serving the people.

There is still the great task of integrating traditional Chinese medicine with western medicine in order to gradually form a new medicine. This is the orientation pointed out by Chairman Mao for the development of Chinese medicine. It is our duty to explore the treasure house of Chinese medicine and pharmacology left by our ancestors。 I'm glad to say that I was among the few who first successfully done Caesarean section and removal of ovarian cyst under acupuncture anesthesia. Besides, we also have some initial success with Chinese herb medicine in the treatment of menstrual disorders. Recently a gynecologist from the Peking Traditional Chinese Medical Research Institute has come to work with me in the clinic. We treat and follow the cases together. In this way doctors of traditional medicine and of Western medicine have united and cooperated more closely. Of course I have a lot to learn yet.

China is such a vast country with a large population, and we could not do everything by our own hands, so we accept post-graduate students devoted to their work from all over the country for a certain period of training. I myself also went to the border areas to give short courses of traing and technical guidance. The hospital has become not only a place of treatment, but also the people's health centre. We frequently go out of the hospital to do mass surveys of cancer and help the other clinics in our district to treat minor diseases. We never forget to combine popularization with the raising of standards. Research students of a higher level are selected each year through national examination to receive higher scientific training and do research work related to various problems of clinical importance.

I highly value the teachings I received from Professors TeLinde, Novak and Woodruff during my short stay in the Johns Hopking Hospital. Dr L'Esperance the former director of the strang cancer prevention clinic of the Sloan Kettering Instute Memorial Hospital of New York City, must be very much pleased to hear that a widescaled cancer prevention check–up program has been set up not only in the gynecological clinic but has also been introduced into various parts of rural areas of China, because one of the guiding principles in China's medical and health work is to "put prevention first" . I remember with heart–felt thanks the names of Miss Gladys Dodds of the Hackney Hospital of London, Miss Mary Gilmour of the Marie Hospital and the other teachers who had helped and encouraged me with my studies and work in the States and in England. They must have known very well themselves how hard it was to get along for a foreign student away from homeland. Some of them I may not be able to see again, but let it be known that it is through their efforts that now I could have some contributions to the development of our profession in this country, and it is through these people that the friendship among the peoples of different countries is promoted and, I believe, is made everlasting. It is such a pity that we were cut off from communications for so many years, and as a consequence we have suffered great losses. Now we have to quickly catch up with the years we have lost. There are so many names that have escaped from my memory, the Norwegian girl whom I met in the Cancer Memorial Hospital in New York City in 1948 and we met again in Paris in 1951. She sent me a French cap to Shanghai without getting any response on my part. How I wish to see her and thank her in Oslo and apologize to her in person.

How I survived the Great Catastrophe–The Cultural Revolution

In October 1966 when I came back from the Peking mobile medical team, I could see the great posters everywhere on the walls of the hospital. I was to stand aside, not in the way of the revolutionaty masses. We were regarded as the "stinking ninth", a target of the proletarian dictatorship .In the latter part of 1968 my husband was also in trouble .I was considered to be no longer fit to be a doctor and to do a medical orderly's job, and was asked to write incessantly "the crimes and guilts" committed by myself. We were "liberated" within a short time, because no evidence could be produced against us, and our technique and knowledge had to be made use of to keep things running. So I was asked to go to the countryside again in the year of 1969 with a few medical students to the wild mountainous areas. Heavily burdened in my mind and over my back, I climbed up and along the cliffs. There seemed to be no alternatives but to go ahead without looking back, with the hidden thought that once I arrived in the valley I wouldn't be able to get out of it again. Still with cramps in my legs I was to immediately visit an old woman suffering from severe prolapse of the uterus with complete inversion of the vaginal walls. Of course she had not been able to leave the village for many years since there were no facilities for transportation. Together with the students we first designed an operating table with stirrups for hanging the legs and next turned the thatched warehouse into a new operation room. The operation took long hours, and the blood pressure of the patient remained low after operation. I stayed the whole night with the patient on her big brick bed without a wink just to steady the leg of the restless and uncooperative patient in order to keep the intravenous drip needle in place, as if indeed the patient's life as well as mine hang on that needle. At last she recovered. The bedridden patient for many years was seen strolling in front of her doorway to enjoy the apricot blossoms. So the news spread far and wide that an able woman had come down to the village. It was a stormy day when we departed from the valley. I climbed along the slippery mountainous route still with the same bedding rolls over my back but with my mind much enlightened. The sky cleared up over the opposite side of the mountain, and I saw the even, smooth road stretching far and wide ahead of me. I sighed with relief and satisfaction for I had overcome another difficulty, emerged victorious in spirit.

The days became more tolerable after the crashing of Lin Biao. However, my two children were both sent away to the farm. People pointed at my daughter working in the field and whispered: "This girl must be laboring here for the sake of paying her parents' debts" . Oh, how those words stung me on the aching heart. Those had been the good old days. In the year of 1963 the family would go out to the Summer Palace, boating and swimming in the lake. There and then my little daughter was caught by the photographer and became the China Pictorial's cover girl, symbolic of the happy childhood of a girl born under the Red Flag of New China. How time had changed.

With the Gang of Four overthrown and the ultraleft line corrected, the Party is making an effort to set the policy towards intellectual's right. We the intellectuals from the old society are now deemed to be a part of the working class. My two children through their own hard work and perseverance have succeeded in passing the highly competitive national entrance examination for higher education. I'm sure they know well enough to cherish the chance of being educated.

A Bright Outlook on the Future

In the People's Republic of China, women enjoy equal right with men in all spheres of political, economic, social and family life. Men and women enjoy equal pay for equal work. I can fully appreciate the meaning that women's emancipation can be realized only in the process of socialist transformation of society as a whole.

1980.5.18

后记

2012年夏天，笔者承担了张丽珠教授学术成长历程的采集任务。与笔者之前已经完成的应崇福院士传记相比，这项工作更富挑战性，对宏观掌控能力和课题组织能力的要求更高。在工作过程中，虽然屡有挫折，但在张丽珠教授全家的积极支持、配合以及多位师友的提携引领下，我们总算完成了采集的基本任务。于斯回首，感慨良深。

三年来的资料搜集与传记写作，就是一个不断解题、冲出迷城的过程，这中间固然有获得新资料的欣喜，但也不乏无路可走、坐困愁城的彷徨，当然偶尔也必须发挥合理的想象去做做“辅助线”，以便为事件找到相对合理的解释。要将这些冗繁拉杂的过程与感受表述出来有相当大的难度，这里不再一一赘述，只向这几年来提供过各种形式帮助的师长亲友们一一致谢：

首先要感谢张丽珠教授和唐有祺院士伉俪，两位老人对我们的工作给予了最大程度的支持。每次我们到家里去或访谈、或查阅书房资料，老人家都热情招待，努力提供关于往事的线索，为课题的开展提供了最基本的保障。二老既严谨又风趣，往往使人如沐春风、乐而忘返。

张丽珠教授的子女张昭达先生、唐昭华女士在短暂回国期间，也专门腾出时间或接受笔者的采访、或亲自撰写回忆资料，为课题开展提供了很大帮助。两位老师温文尔雅、平易近人，使人印象深刻。

在写作过程中，中国科学院自然科学史研究所张藜老师在全书结构、史料处理等方面多次给予悉心指导，其间展开的多次正式与非正式的讨论令笔者获益匪浅。中国科学院科技政策与管理科学研究所樊洪业先生在课题评审中提出了诸多宝贵意见，使本书得以避免若干失误。

几年来，笔者之一一直在中国科学院自然科学史研究所编辑部工作，同时攻读博士学位。编辑部主任艾素珍老师对我的工作和学业给予了高度理解和支持，为我免除了诸多后顾之忧。她的提携之恩，非笔者言辞能尽。

在此谨向以上诸位表示衷心感谢。成书仓促，兼之笔者学力所限，书中难免仍有不足之处，概由本人负责。

王传超

2015 年 3 月 8 日

老科学家学术成长资料采集工程丛书

已出版（50 种）

《卷舒开合任天真：何泽慧传》
《从红壤到黄土：朱显谟传》
《山水人生：陈梦熊传》
《做一辈子研究生：林为干传》
《剑指苍穹：陈士橹传》

《情系山河：张光斗传》
《金霉素·牛棚·生物固氮：沈善炯传》
《胸怀大气：陶诗言传》
《本然化成：谢毓元传》
《一个共产党员的数学人生：谷超豪传》

《含章可贞：秦含章传》
《精业济群：彭司勋传》
《肝胆相照：吴孟超传》
《新青胜蓝惟所盼：陆婉珍传》
《核动力道路上的垦荒牛：彭士禄传》

《探赜索隐　止于至善：蔡启瑞传》
《碧空丹心：李敏华传》
《仁术宏愿：盛志勇传》
《踏遍青山矿业新：裴荣富传》
《求索军事医学之路：程天民传》

《一心向学：陈清如传》
《许身为国最难忘：陈能宽》
《钢锁苍龙　霸贯九州：方秦汉传》
《一丝一世界：郁铭芳传》
《宏才大略：严东生传》

《此生情怀寄树草：张宏达传》
《梦里麦田是金黄：庄巧生传》
《大音希声：应崇福传》
《寻找地层深处的光：田在艺传》
《举重若重：徐光宪传》

《魂牵心系原子梦：钱三强传》
《往事皆烟：朱尊权传》
《智者乐水：林秉南传》
《远望情怀：许学彦传》
《没有盲区的天空：王越传》

《行有则　知无涯：罗沛霖传》
《为了孩子的明天：张金哲传》
《梦想成真：张树政传》
《情系粱菽：卢良恕传》
《笺草释木六十年：王文采传》

《妙手生花：张涤生传》
《硅芯筑梦：王守武传》
《云卷云舒：黄士松传》
《让核技术接地气：陈子元传》
《论文写在大地上：徐锦堂传》

《铃记：张兴铃传》
《寻找沃土：赵其国传》
《虚怀若谷：黄维垣传》
《乐在图书山水间：常印佛传》
《碧水丹心：刘建康传》